# THÉORIE
## DE LA TERRE,
### DÉDUITE
### DE L'ORGANISATION
### DES PYRÉNÉES
### ET PAYS ADJACENS,

*Rédigée*

PAR M.r J.n *LATAPIE*,

Ex-Aspirant de la Marine Militaire,

Sur les Manuscrits de M. FLAMICHON,

Ingénieur-Géographe.

A PAU,
CHEZ TONNET, IMPRIM. DE L'ACADÉMIE.
An 1816.

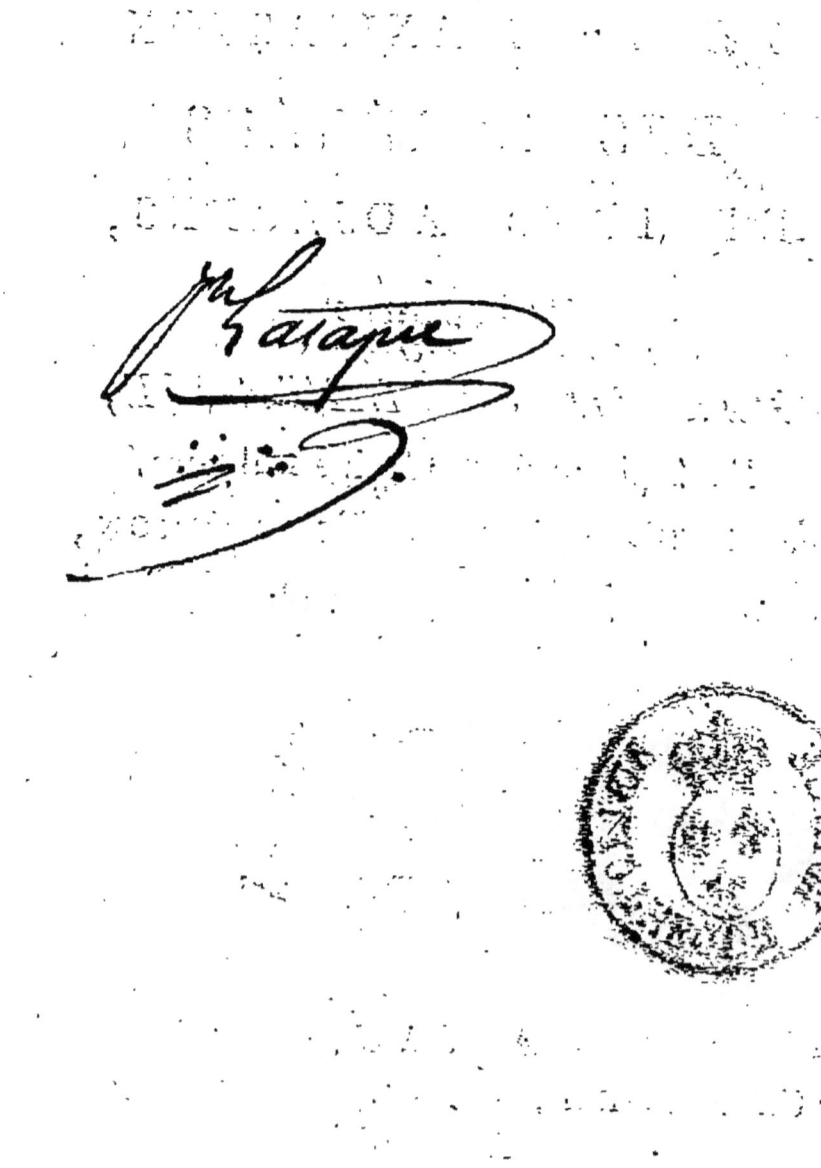

# AVERTISSEMENT
## DE L'ÉDITEUR.

Monsieur Flamichon, Ingénieur-Géographe du Roi, fut envoyé en 1771 dans le département des Basses-Pyrénées pour en lever la carte géographique. Il dut, à cet effet, voyager long-tems dans ces montagnes et dans les pays adjacens pour en dessiner la configuration.

Après avoir rempli avec succès l'objet de sa mission, l'amour du travail, le désir d'acquérir des connaissances nouvelles, et peut-être aussi celui d'être utile à ses contemporains, engagèrent l'auteur, dont nous publions les observations, à se fixer dans un pays où la nature, se montrant dans toute sa majesté, agrandit l'ame du savant, et le porte à sa contemplation et à son étude. Depuis cette époque, il se livra tout entier à l'observation des Pyrénées dont *il connaissait parfaitement l'organisation extérieure. On concevra facilement toutes les peines qu'il dut se donner, s'il est vrai, comme il l'assure, qu'en se livrant à ce travail, il n'avait aucune connaissance de l'Histoire Naturelle.*

*Cet ouvrage ne paraîtrait pas aussi imparfait, sans doute, si son auteur n'avait payé, jeune encore, le tribut à la nature. Les manuscrits qu'il a laissés suffiraient pour donner un traité de la théorie de la terre aussi complet qu'on pourrait le désirer ; mais ils sont tellement décousus, qu'il faudrait un tems infini pour en lier toutes les parties d'une manière satisfaisante. Manquant de l'érudition nécessaire pour en apprécier les meilleurs, et leur donner l'ensemble d'un grand système, je me suis borné, d'après le plan que M. Flamichon avait tracé de son ouvrage, à choisir et à coordonner ceux que j'ai cru devoir en faire partie. Je les présente, d'ailleurs, tels que je les ai trouvés* écrits de sa main. Je suis loin de penser qu'ils ne soient susceptibles d'être retouchés ; mais, pour se le permettre, il faudrait être naturaliste, et avoir une parfaite connaissance des lieux.

Rien n'est plus capable de fixer l'attention du voyageur curieux que les irrégularités apparentes qui sillonnent la surface de notre Globe. Mais avant d'en pouvoir connaître l'origine, il doit s'attacher à en observer la nature, à connaître les faits particuliers. L'exposition des faits doit donc précéder les conjectures sur les causes. C'est la marche que M. Flamichon a suivie dans son mémoire.

Il se borne à la description des faits observés dans la chaîne des Pyrénées et dans les pays adjacens, seule partie du Globe dont je crois qu'il ait suivi les détails. Il paraît même qu'il connaissait beaucoup mieux la partie occidentale que la partie orientale de ces monts, puisque ses descriptions ne comprennent guères que les Basses-Pyrénées. A la vérité, elles entraient seules pour quelque chose dans sa mission. La vie d'un homme suffirait à peine pour en observer toute la chaîne avec le même soin.

L'auteur insiste beaucoup moins sur le mécanisme de l'organisation physique des Pyrénées du côté d'Espagne que du côté de France, parce qu'il ne la connaissait pas aussi bien. Il aurait pu, comme certains voyageurs qui prétendent avoir tout vu, tout approfondi, faire quelques descriptions de cette partie des Pyrénées, d'après les incursions qu'il y avait faites çà et là; mais il a mieux aimé ne pas en parler que de donner des descriptions hasardées, isolées, sans suite, sans liaison, sans correspondance entre les faits. Il a regardé les faits isolés en physique, comme les hors-d'œuvre en architecture, qui ne peuvent s'adapter à un édifice général qu'autant qu'une main plus ou moins habile sait en tirer un parti plus ou moins avantageux.

*Passant à la théorie de la terre*, il tâche de prouver que les changemens et les bouleversemens les plus considérables du Globe Terrestre ont été occasionnés par le combat du feu et de l'eau ; que la lutte entre ces deux puissans élémens n'est pas encore terminée ; que le centre et les parties inférieures de la terre ont été et sont encore, pour ainsi dire, leur champ de bataille.

Indépendamment des preuves physiques qui caractérisent cette vérité dans toutes les parties visibles de la surface du Globe, la haute antiquité nous en a conservé les détails, tant dans l'Histoire Sacrée que dans l'Histoire Profane. Ils servent de preuve dans la narration de M. Flamichon, d'après la traduction qu'il en donne mot à mot, et qui nous paraît plus rapprochée de l'interprétation que leurs auteurs en avaient donnée.

Je ne me serais peut-être jamais décidé à faire imprimer cet ouvrage, si des personnes éclairées, à qui je l'ai communiqué, ne m'avaient assuré qu'il contient du moins des faits intéressans et des observations locales très-précieuses. Elles ne m'ont cependant pas dissimulé que la partie systématique, quoiqu'annonçant du génie et de la profondeur, n'obtenait pas également leur suffrage. Elles m'ont, avec raison, rappelé à ce sujet le peu de succès des Descartes, des Buffon, etc. Mais enfin, puisque pour traiter un sujet quelconque il faut adopter un système, lorsqu'on n'a pas des données sûres pour base, M. Flamichon a dû fouiller dans les anciennes traditions, et y puiser des faits à l'appui de ses propres observations.

J.<sup>n</sup> *LATAPIE.*

# MÉMOIRES
## SUR LES PYRÉNÉES,

*Pour servir à la Théorie de la Terre.*

### AVANT-PROPOS.

J'AI parcouru les Pyrénées et les pays adjacens, plutôt en s'imple voyageur peu instruit, qu'en curieux et en philosophe savant.

Relégué dès ma plus tendre jeunesse au sein de ces montagnes, forcé par état d'en parcourir et mesurer l'étendue, je n'ai pu lire d'autres livres, je n'ai pu consulter d'autres cabinets d'Histoire Naturelle que ceux que la nature déployait avec magnificence à mes yeux.

J'ai vu dans les plaines beaucoup d'ordre et de régularité superficielle;

et dans les montagnes un bouleversement général de la nature. J'ai vu et revu ces variétés du Globe de sang-froid ; j'en ai dessiné la configuration pendant long-tems avec la plus grande indifférence.

Ce n'a été qu'à la longue que leur fréquentation a porté mon esprit tout naturellement et comme malgré moi, à faire quelques réflexions sur la différence de leur organisation. Dès que je commançai à réfléchir sur cette matière, je commançai aussi à sentir que je manquais des connaissances nécessaires pour tirer quelque fruit de mes voyages et de mes courses, et je voyais avec regret que j'étais dans l'impossibilité absolue de me procurer ces connaissances préliminaires.

Toujours errant de déserts en déserts, je ne pouvais conférer qu'avec moi-même sur la multiplicité des objets toujours nouveaux qui se présentaient à mes yeux, et je ne pouvais interroger que la nature sur la cause de leur variété. Plus j'allais en avant, plus ma curiosité était excitée par de nouveaux objets, et plus aussi je sentais augmenter en moi le besoin de l'étude de l'Histoire Naturelle, pour être en état de bien observer et de rendre mes observations utiles. Mais l'éloignement de la capitale, la nécessité de remplir mon état qui absorbait tout mon tems, le peu de ressources qu'on trouve dans les déserts des Pyrénées, et mon genre de vie sans stabilité s'opposaient entièrement à mon instruction. A la fin de mes courses, le hasard me fit rencontrer un naturaliste ( 1 ) qui voyageait dans les Pyrénées. La conformité de nos goûts m'en fit un ami. Il me donna quelques connaissances d'Histoire Naturelle, mais très-

---

( 1 ) M. l'Abbé Pallassou.

superficielles; et c'est dans cet état d'ignorance, sans livres et sans maîtres, mais aussi sans préjugés que j'entreprends d'écrire sur la théorie de la terre.

Je bornerai mon travail à la simple exposition des faits qui ont frappé mes yeux dans les Pyrénées; je me contenterai d'en déduire quelques conjectures et quelques questions générales sur l'ancien état du Globe, et je laisserai à des plumes plus instruites et plus exercées que la mienne, la tâche plus savante d'approfondir la matière et de tirer des faits que j'exposerai, et de mes observations, les conséquences particulières dont elles les jugeront susceptibles.

# INTRODUCTION.

*Exposé Général et Sommaire.*

Les Pyrénées se divisent en pays de plaines, pays de montagnes et pays intermédiaire.

Il y a autant d'ordre et de régularité dans les pays de plaines, que de désordre et d'irrégularité dans les pays de montagnes.

Les pays de plaines offrent assez d'uniformité dans l'ensemble de leur surface, la nature du sol, sa configuration extérieure; la pente des colines, leur gissement; la coupe des côteaux, leur élévation; la largeur des vallées, leurs inflexions; la correspondance des plans, leur inclinaison; le parallélisme des couches, leur direction; le courant des eaux, leur distribution; tout annonce dans ces pays une organisation régulière et constante.

Il n'en est pas de même des pays de montagnes. On voit dans les Pyrénées des cordons de montagnes suivis, et des pics isolés ; des vallées profondes, et des hauteurs extraordinaires ; des gorges escarpées, et des plateaux superbes ; des torrens en écume, et des lacs tranquilles ; des courans sans pente, et des cascades à perte de vue ; des matières régulièrement posées, et des matières bouleversées ; des masses sans ordre, et des couches régulièrement inclinées ; des bancs suivis, et des bancs interrompus. On voit des éboulemens ruineux, des fentes immenses, des cavernes profondes, des précipices affreux, des abîmes sans fin, des montagnes affaissées, des montagnes entr'ouvertes, des courans de pierre, des amas de débris, des lavanges redoutables, des neiges perpétuelles, des minéraux de toute espèce, des matières de tout genre, des masses calcaires assises sur des granits, des granits par-dessus des masses calcaires, et surtout des bancs immenses de coquillages, des chaînes suivies de galets et de pierres amalgamées ensemble, et quantité d'autres productions marines. On voit, au sommet des Pyrénées, d'anciens lacs qui s'étanchent peu à peu par la corrosion insensible du seuil de leurs dégorgeoirs. On voit des gorges qui se sillonnent journellement et remontent toujours leur tête vers les lacs et les plateaux supérieurs qui alimentent leurs sources. Il semble que c'est pour déchirer leurs propres entrailles que les plus hautes montagnes aient donné naissance à ces torrens furieux. On les voit précipiter par cascades les montagnes dans les vallées. J'ai vu de grands fleuves rouler jusqu'aux abîmes de l'océan nos superbes montagnes triturées par les torrens; j'ai vu que tout le pays adjacent aux Pyrénées n'est qu'un vaste dépôt formé des débris préexistant dans le vuide actuel de nos larges vallées ; j'ai vu crouler des montagnes, et leurs débris pulvérisés s'exhaler en fumée et en odeur de souffre ; j'ai vu enfin la nature en ruine expirant sous ses propres débris.

Tant d'horreurs et tant de beautés ont agrandi mon ame et l'ont naturellement portée à la contemplation des monts Pyrénées. J'ai envisagé, après mes courses, toute cette chaîne de montagnes et les pays adjacens sous un seul et même point de vue. Il m'a été bien facile d'y reconnaître une immense masure qui tombe en ruine et dont les matériaux sont épars çà et là. J'ai reconnu que les matériaux épars étaient de même ordre que l'édifice ; j'ai vu les agens extérieurs qui démolissaient sous mes yeux les restes encore subsistans de l'ancien édifice, et qui charriaient les matériaux à l'endroit où je les trouve épars. Il ne m'a pas été difficile, en transportant, par l'imagination, chacun des matériaux à l'endroit d'où je les voyais sortir, de reconnaître le premier plan et le premier ordre qui constituaient l'ensemble de l'ancien édifice. C'est ainsi que je suis parvenu à découvrir l'ancienne organisation des Pyrénées ; et, par une conséquence assez naturelle, je suis remonté à l'ancienne organisation de la surface du Globe.

C'est cette première organisation des Pyrénées et du Globe que je me propose de décrire ici. Mais pour procéder avec ordre, il est à propos, avant d'expliquer mes idées, de bâtir mon système, de détailler les objets qui m'ont suggéré ces idées, et de rassembler les matériaux qui doivent entrer dans la composition du système. Je commencerai donc par donner la géographie naturelle des Pyrénées et des pays adjacens, qui contiendra la description abrégée de ces contrées envisagées sous les différentes divisions que la nature a placées à leur surface. Je passerai ensuite à la géographie physique de ces mêmes contrées, qui contiendra la description raisonnée des phénomènes de la nature et l'explication des effets les plus ordinaires de ces phénomènes; et, par une induction toute simple, je remonterai, de conséquences en conséquences, depuis l'état actuel des Pyrénées jusqu'à celui où il paraît qu'elles devaient être dans le principe et avant que ces phénomènes eussent produit leurs effets; ce qui nous donnera la première organisation des Pyrénées, fondée sur le cours actuel de la nature.

Appliquant ensuite aux autres parties de la surface du Globe la marche que la nature à suivie dans les Pyrénées, nous parviendrons par induction fondée sur des faits, à la connaissance de l'ancienne organisation du Globe que nous habitons.

# DESCRIPTION

## DES PAYS

## ADJACENS AUX PYRÉNÉES.

Nous commencerons notre description des pays adjacens aux Pyrénées, par les landes de Bordeaux ; non pas qu'elles fassent partie des Pyrénées, mais parce que leur organisation est tout à fait liée avec celle de cette grande chaîne de montagnes.

*Des pays de Sable et de Landes.*

Les pays de landes et de sables commencent au bas des Pyrénées dans la Saintonge, et se propagent le long des côtes du golfe de Gascogne jusqu'au pied de ces montagnes, sur un trajet d'environ 80 lieues d'étendue. Les sables de Saintonge, quoique plus ravinés et plus sillonnés à leur surface que ceux des landes de Bordeaux, semblent cependant n'en être que les avant-coureurs. Cette différence d'organisation superficielle peut n'avoir d'autre cause qu'une plus grande pente de terrain, dont nous expliquerons les sujets dans la suite.

Après les sables de Saintonge, on passe les eaux affluentes à la Gironde, et on pénètre dans les landes de Bordeaux, qui s'étendent fort au loin, en remontant sur la rive gauche de la Garonne. C'est en entrant dans ces vastes déserts que l'œil, étonné d'une uniformité d'aspect inattendue, est tout surpris d'apercevoir, quoiqu'à 50 lieues de distance, la petite pointe des Pyrénées dont la cime altière va bientôt se perdre dans les nues. Le tableau des Pyrénées, vu des landes de Bordeaux, présente un contraste d'autant plus frappant, que, si on en excepte quelques dunes ambulantes au gré des vents, le spectateur n'aperçoit pas la plus petite inégalité de sol dans la vaste étendue de pays dont il est environné de toutes parts. Il ne voit que lui seul au centre d'un vaste univers dépouillé de tout. Il aperçoit quelques bouquets de pinadas jetés et perdus çà et là dans la vaste étendue de l'horizon, et il semble que la nature et l'art se soient disputé le droit, malgré la saillie des pinadas, d'égaliser le sol et d'en aplanir la surface, au point que le tout semble dressé à la règle et au cordeau. Aussi, rien n'est plus ennuyeux, rien n'est plus insipide à l'œil, que l'aspect des landes de Bordeaux. Le Ciel seul y circonscrit le point de vue. Les monts Pyrénées, aperçus dans le lointain au midi, font, il est vrai, un superbe contraste au tableau.

La trop grande monotonie d'une perspective ennuyeuse n'est pas le plus grand des inconvéniens auxquels on est exposé dans les landes de Bordeaux. Le défaut d'abri contre les injures du tems ; le défaut de couvert pendant la nuit, et celui de subsistance pour la vie animale, peuvent être mis au rang des maux les plus ordinaires qu'on doit y redouter : la nature ingrate se refuse aux productions. Les hommes les plus sauvages ne sauraient y fixer leur habitation. Le voyageur est donc réduit à s'y trouver absolument seul et sans ressources ; il n'y rencontre pas une maison ; quelques huttes où l'on fabrique du goudron dans le centre des pinadas, quelques cabanes où se retirent les pasteurs pendant la nuit dans le milieu des landes, et quelques loges où l'on tient auberge de loin en loin sur les routes les plus fréquentées ; voilà les seules traces des travaux qui paraissent de main d'homme dans ces immenses déserts. Au défaut d'abri contre les injures du tems, se joint un autre inconvénient, celui des chemins ; il n'en est pas un seul de tracé dans les landes ; il est même impossible de pouvoir y pratiquer des routes à cause du défaut d'habitans pour les travaux, et de matériaux pour ferrer les chaussées. Tout n'est que sable ; c'est ce qui fait que le tems pluvieux, si incommode pour voyager partout ailleurs, est le plus commode pour voyager dans les landes. La pluie fixe les sables et leur donne une consistance qu'ils perdent dès que le Soleil vient à paraître. Aussi, malheur à quiconque se trouve engagé dans les grandes landes pendant les fortes chaleurs de l'été. Les rayons du Soleil réverbérés sur un sable aride et brûlant, font de ces contrées une nouvelle zone torride : on y respire à peine, et il faut encore avaler, malgré soi, la poussière brûlante qui se trouve toujours disséminée dans l'air qu'on aspire. Pour surcroît de malheur, on ne trouve pas un filet d'eau pour étancher sa soif.

Il n'y a dans les landes ni ruisseaux, ni fontaines; les sources y sont rares. L'eau des puits n'est pas potable ; comment s'y désaltérer ?... Le voyageur, accablé de tant de maux, bénirait le Ciel, si, pour abréger ses peines, il pouvait accélérer sa marche ; mais le Ciel ne l'a pas voulu. On ne peut pas courir dans les landes; il faut, au contraire, rétrograder deux pas en arrière pour en avoir un de fait en avant. La mobilité du sol et le défaut de point d'appui s'opposent à l'accélération du mouvement animal.

Malgré tous ces inconvéniens, il serait cependant possible, avec un peu d'art, de donner à la France une superbe province dans les landes de Bordeaux ; et voici comment : Que peut-on reprocher à la nature dans l'organisation de ces landes ? Une aridité de sol qui n'a d'autre cause que le défaut d'eau et l'impossibilité où l'on est d'y pratiquer des routes, n'y ayant ni travailleurs, ni matériaux. Mais observons, en passant, que, si la nature a rendu ce sol ingrat et impraticable, elle s'est plue avec bien de la complaisance, d'une part, à l'organiser de manière à faciliter la distribution des eaux dans toute leur étendue, dont il n'y a peut-être pas un arpent qui ne soit susceptible d'arrosement ; et que, d'un autre côté, cette même nature, toujours bienfaisante dans ses productions, s'est plue aussi à organiser les terrains supérieurs, de manière à pouvoir en dériver les eaux surabondantes et les conduire avec facilité dans les landes, et y établir, par des embranchemens dans tous les sens, des canaux d'arrosement qui deviendront à la fois canaux de navigation, capables de dédommager avantageusement du défaut de routes pour le transport des denrées. Elles deviendraient, par cette seule opération, des campagnes superbes, susceptibles d'être converties, à volonté, en cultures ou en prairies immenses, abondantes et riches.

J'ai adressé, à ce sujet, en date du 30 mai 1780, un mémoire au gouvernement. Il a pour titre : *Mémoire sur le moyen de porter un courant d'eau navigable dans le Gabardan, à la tête la plus élevée des landes de Bordeaux; pour être ensuite distribué suivant les différens besoins de l'agriculture et de la navigation dans les autres contrées de ces vastes déserts.* (1)

Je prouve, d'après des vérifications faites sur les lieux, qu'il est non-seulement possible, mais très-facile de

---

(1) Ce mémoire a été généralement suivi dans les travaux faits pendant la révolution.

jeter dans ces landes un courant d'eau dont le volume serait égal au quart de celui de la Garonne, et même plus fort si on le voulait. Je fais voir par un aperçu général les avantages considérables qui résulteraient de cette opération, tant pour la culture, que pour le commerce, notamment la communication de Bayonne au canal de Languedoc, et la facilité d'alimenter le point de partage d'une communication si désirée entre le port de Bordeaux et le bassin d'Arcachon. Les vues contenues dans ce mémoire sont de la plus grande importance pour l'état, et surtout pour la partie trop négligée du midi occidental de la France.

Les landes de Bordeaux présentent une surface unie et sans inégalité, dont l'horizon s'étend sans interruption, comme nous l'avons dit, à perte de vue de toutes parts ; elle est seulement sillonnée de loin en loin par quelques ravins peu approfondis et fort évasés qui servent d'écoulement aux eaux pluviales. Pour prouver la grande égalité de surface de ce sol, il ne sera pas hors de propos de rapporter ici un fait aussi surprenant que rare : c'est que le moyen peu assuré de calculer la hauteur des objets par la plus grande distance à laquelle ils peuvent être vus, se trouve fort approchant de la démonstration dans les landes de Bordeaux. C'est à Bazas, à environ 50 lieues de distance, qu'on commence à apercevoir la pointe du Pic-de-Midi d'Ossau dans les Pyrénées, en voyageant du Nord au Sud; et la distance de Bazas à cette montagne, réduite en degrés, présente un angle de 1°40' qui, calculé sur le rayon de la terre de 328,259 toises, donne un résultat de 1395 toises pour l'élévation du Pic-de-Midi d'Ossau au-dessus des landes de Bordeaux prises à Bazas. J'ai estimé, par les cours des rivières, que Bazas et Pau sont à peu près à la même hauteur au-dessus du niveau de la mer ; et j'ai trouvé, par des calculs exacts, que le Pic-de-Midi d'Ossau est élevé de 1407 toises au-dessus du pont de Pau, ce qui ne donne qu'une différence de 12 toises. J'avoue que je ne me serais jamais attendu à une si petite différence entre deux résultats dont la comparaison ne peut être qu'approximative, à cause de l'incertitude où je suis de l'égalité de hauteur entre Pau et Bazas ; mais, quel que soit le rapport exact de hauteur entre les deux points pris dans ces deux villes, il suffit qu'elles soient à peu près au même niveau, pour qu'il reste démontré par ce seul rapport de calculs que la surface des landes est fort approchante, dans le sens du Nord au Sud, de la courbure naturelle de la surface du Globe.

« Cette surface des landes de Bordeaux est commandée au Nord par les côteaux d'entre deux mers, du Bazadais, du Langenais, etc., au pied desquels coulent la Garonne et ses affluens.

Elle est commandée au Sud par les côteaux de Chalosse et d'Armagnac, au pied desquels coulent l'Adour et ses affluens.

La partie intermédiaire entre la Garonne et l'Adour est ce qu'on appelle les landes proprement dites. Mais si on remonte plus haut la Garonne et ses affluens, on trouve toujours la même égalité de sol parfaitement uni à sa surface. La seule différence qu'il y ait, c'est qu'en remontant vers Toulouse les sables disparaissent et sont remplacés par un terrain graveleux qui devient excellent pour la culture. Tout ce pays plat, et dont le sol n'est que très-peu élevé au-dessus de la surface des rivières qui le sillonnent, et qui se trouve partout dominé par deux chaînes de côteaux collatéraux, peut avoir 20 lieues de largeur commune sur 60 ou 80 lieues de largeur à son embouchure. Si tout ce pays plat, enfoncé entre deux colines correspondantes, peut s'appeler vallée, il sera vrai de dire que les landes de Bordeaux et les plaines cultivables supérieures, vers Toulouse, ne sont qu'une seule et même vallée. Mais, m'objectera-t-on, une seule et même vallée ne peut pas avoir 20 lieues de largeur commune sur 80 lieues d'embouchure. C'est cependant là l'état des choses, et je ne puis répondre à une telle objection qu'en renvoyant le lecteur à la vérification des faits. Il est vrai qu'on sera moins surpris de cette largeur immense et extraordinaire, si on fait attention que cette superbe vallée tire son origine de deux grandes chaînes de montagnes, qui sont celles du Gevaudan et des

Sevennes sur la rive gauche, et des monts Pyrénées sur la rive droite. Mais un fait bien important, et que nous ne devons pas omettre ici, c'est qu'une des principales branches de cette vallée passe entre les Sevennes et les Pyrénées sur un seuil qui n'a qu'environ 100 toises d'élévation au-dessus du niveau des mers, et qui se prolonge ensuite dans la Méditerranée; et, si on envisage les choses plus en grand et sous un point de vue plus général, on verra que cette même vallée semble se continuer en ligne assez droite par le bassin de la Méditerranée jusqu'à l'isthme de Suès, et ensuite par la mer Rouge et le détroit de Babelmandel jusqu'à la mer des Indes. De sorte qu'un seul et même canal communique depuis l'Océan jusqu'à la mer des Indes, sans d'autre interruption que le seuil dont nous venons de parler entre les Pyrénées et les Sevennes, et l'autre seuil de l'isthme de Suès dont l'élévation ne doit pas être bien considérable. Une autre remarque digne d'attention, c'est que ce même canal passe à l'isthme de Panama, et sépare, par deux golfes, l'Amérique septentrionale de l'Amérique méridionale, coupant l'équateur sous un angle de 45 degrés, et se trouvant partout bordé de montagnes du côté du Sud. (1)

Après avoir examiné la structure superficielle des Landes de Bordeaux, si nous pénétrons dans l'intérieur du sol, nous trouvons que les sables sont disposés par couches à peu près horizontales de différentes épaisseurs ; et plus on pénètre en profondeur, plus on trouve que les sables sont conglutinés entr'eux, et forment une espèce de grès fort tendre, fragile

---

(1) Ces remarques, qui n'ont pas de liaison directe avec les Landes de Bordeaux, méritent cependant beaucoup d'attention.

et friable. Cependant, vers les côtes de l'Océan, les sables sont mouvans sur une grande profondeur; les vents les enlèvent avec facilité dans leurs tourbillons, et en forment, comme nous l'avons dit, des dunes ambulantes et sans fixité. M. de Cassini établit en 1740 une chaîne de triangles pour la mesure de la France sur les côtes de l'Océan, entre Bayonne et Bordeaux. J'eus occasion en 1770 de reprendre, par des opérations trigonométriques, cette même chaîne de triangles, et je trouvai que plusieurs dunes, sur lesquelles M. de Cassini avait établi ses signaux, n'existaient plus à la même place, et qu'il y en avait d'autres dans les environs, ou plutôt que c'était les mêmes qui avaient changé de place.

La cause de ce changement n'est pas difficile à expliquer; il suffit, pour qu'il ait lieu, que le vent souffle plus constamment ou avec plus de violence d'un côté que d'un autre. Il enlève toujours le sable sur le flanc de la dune du côté où il souffle, et dépose constamment du côté opposé : il est évident, par ce mécanisme, que les dunes doivent nécessairement changer de place avec le tems.

Au-dessous de la première surface sablonneuse des Landes, on trouve un sol fort tendre de pierres calcaires. Dans plusieurs endroits les coquillages sont encore dans leur entier.

La grande route n'est ferrée que de coquillages entre Aire et Roquefort. Le ravinage des eaux du Midon et du Ludon en ont mis des carrières immenses à découvert aux environs de S.<sup>t</sup>-Gen et Villeneuve. J'ai trouvé sous les Landes, dans les rives escarpées de l'Estampon à Roquefort, des bancs considérables d'ossemens, dont quelques-uns étaient d'une grosseur prodigieuse. Ils sont à peine parvenus à l'état d'une pétrification complète ; ce qui prouve que le sol des Landes est de très-nouvelle formation.

Il semblerait, par tout ce qui précède, que les Landes sont un pays nouvellement abandonné par la mer. Cependant les habitans des bords de l'Océan, vers le milieu entre Bayonne et Bordeaux, m'ont assuré que la mer gagne journellement sur ses bords, et qu'elle s'empare peu à peu des Landes.

Nous venons de décrire un pays plat, uniforme et sablonneux, assis sur une base calcaire, dont les bancs immenses de coquillages, les carrières d'ossemens d'animaux, les madrépores et autres productions marines nous annoncent le séjour de l'élément aqueux qui l'a formé : il suffit de traverser les bords de l'Adour, pour trouver un pays dont l'organisation est toute opposée. On n'y trouve pas le moindre vestige de ces eaux calmes et tranquilles, qui déposent paisiblement dans leur sein les dépouilles cadavéreuses de leurs propres productions; on y voit, au contraire, les témoins bien parlans d'une eau tumultueuse et furibonde qui, dans sa chûte turbulente et dans les tourbillons de ses cataractes, a fracassé les rochers les plus durs qu'elle a triturés, réduits en vase, en limon, et en poussière impalpable.

Tout le pays qui s'étend depuis les Landes de Bordeaux jusqu'au pied des Pyrénées, n'est qu'un résidu d'une décomposition générale et parfaite de pierres calcaires et de granits. Ces matières étaient autrefois très-dures: elles ont été broyées et pulvérisées ensemble, comme dans un mortier général. Leur trituration produit tout ce sol de tuf, de marne et de glaise, presque toujours coloré par le fer, et forme, pour ainsi dire, tout l'empatement des Pyrénées jusqu'à 20 ou 30 lieues de distance de ces montagnes.

Il reste cependant encore, parmi ces masses immenses de tufs et de glaise, quelques noyaux de pierres calcaires et graniteuses. Ils sont de même nature que la roche générale qui compose l'ensemble des Pyrénées actuelles. Ces témoins encore existans de la décomposition des anciennes Pyrénées, sont tous généralement et sans exception arrondis, et même polis à leur surface. Cela prouve évidemment qu'ils ne sont que les noyaux des débris de ces vastes montagnes pulvérisés dans l'eau, qui seule, par ses frottemens, a pu les arrondir et les polir ainsi à leur surface. Toutes ces matières sont pêle-mêle, sans ordre les unes à l'égard des autres. On trouve des cailloux arrondis d'une grosseur énorme assis sur une couche mince et onctueuse de vase légère ; on trouve quelquefois aussi, mais rarement, des bois et des forêts entières engloutis à des profondeurs considérables dans les entrailles de tout ce désordre. Les matières pesantes sont sur les matières légères, les cailloux sur les sables, et les terres compactes sur les graviers mouvans.

A travers cette confusion générale, on aperçoit cependant une espèce d'horizontalité dans les couches des matières; mais elle s'étend rarement à une grande distance, et presque toujours les couches vont en s'amincissant pour finir à rien, dans le sens général de la pente des eaux qui est ordinairement opposée aux Pyrénées, c'est-à-dire du Sud au Nord. On remarque encore que le sol, qui est très-vaseux et très-glutineux au loin des Pyrénées, devient plus graveleux et plus pierreux à mesure qu'on se rapproche de cette grande chaîne de montagnes; les cailloux arrondis sont plus gros près des Pyrénées. Ces lois, quoique générales, souffrent de fréquentes exceptions. Les cailloux les plus gros, par exemple, qu'on trouve aux approches des Pyrénées excèdent la grosseur d'une barrique, tandis que ceux qui avoisinent les Landes excèdent rarement la grosseur d'un melon. Cela n'empêche pas qu'on ne trouve souvent aux approches des Pyrénées des cantons immenses dont le sol n'est que cailloux de vignes de la grosseur d'une noisette tous arrondis et polis à leur surface; et que, dans les landes, on ne trouve des cantons où ces mêmes cailloux arrondis sont du calibre d'une barrique.

Toutes ces matières sont ordinairement assises sur une base de pierre calcaire de même nature et de même conformation que celle des Pyrénées. Cette ancienne base des Pyrénées paraît en évidence dans la plaine d'Orthez où elle est sillonnée par le lit actuel du Gave; elle est fort saillante vers les eaux de Beaure, et on l'a retrouvée sous les tufs et les glaises, environ à 40 pieds de profondeur, lorsqu'on a fondé le pont de Pau.

Telle est en général l'organisation du pays entre les Landes et les Pyrénées, quant à son intérieur. Disons actuellement un mot de son organisation extérieure.

Tout le pays inférieur aux Pyrénées est sillonné d'un nombre infini de ravins qui, vus en grand et d'un seul coup d'œil, présentent une ramification admirable. Ces ravins sont si rapprochés les uns des autres, et le pays en général est si entrecoupé, qu'on pourrait croire qu'il y a plus de vuide que de plein, et que le déblai des coteaux ne suffirait pas pour remblayer le vuide des ravins, tant le pays est découpé près à près; mais à travers toutes ces découpures, on remarque des courans immenses qui prennent naissance au débouché des gorges et vallées des Pyrénées, qui se propagent ensuite sans interruption jusqu'à la mer, et qui conservent assez constamment la même égalité de largeur dans toute l'étendue de leur cours. Ces grands courans servent ordinairement de canaux pour l'écoulement des eaux et des torrens actuels des Pyrénées. Quelquefois aussi, ils sont entièrement à sec, et ne reçoivent d'autres eaux que celles des pluies et de quelques ruisseaux qui y affluent latéralement dans les pays inférieurs aux Pyrénées, sans rien recevoir des eaux de ces montagnes.

Je mettrai au nombre des grands courans des Pyrénées, en commençant vers Bayonne,

1.° Celui qui passe entre la montagne des Cinq-Couronnes au Sud-Est de Fontarabie en Espagne, et la montagne de la Rhune sur la frontière de France, dans lequel coulent les eaux de la Bidassoa qui tombent dans l'Océan à Fontarabie. Il n'a pas beaucoup d'étendue, parce qu'il se précipite dans la mer presqu'à son débouché des Pyrénées ;

2.º Le courant de la Nivelle, qui se débouche des Pyrénées aux approches de l'Abbaye d'Urdach en Espagne, et tombe dans l'Océan à S.<sup>t</sup>-J.<sup>n</sup>-de-Luz. Il n'a pas beaucoup plus d'étendue que le précédent, par la même raison de sa trop grande proximité de la mer ;

3.º Un autre courant qui, provenant des montagnes de Navarre, s'est divisé en trois branches sous S.<sup>t</sup>-J.<sup>n</sup>-Pied-de-Port. Il paraît que le courant principal est passé à Bustincé, Lacarre et Jaxue ; et que là, il se divisait en deux bras dont le plus oriental est tombé à Vixiat et Cibits, où il recevait celui de Hosta. Ils ont couru ensemble par Ostabat, S.<sup>t</sup>-Palais et Bidache, où ils ont conflué sous Hastingues avec le courant des Gaves. C'est dans son canal que s'est établi le lit de la Bidouze. L'autre bras partant de Jaxue, a coulé par Suhescun entre Armendarits et Helette, entre Ustarits et Hasparren, par Labastide-Clairence et Urt, où il a conflué avec l'Adour.

Le troisième courant est celui par lequel coule actuellement la Nive, depuis S.ᵗ-J.ⁿ-Pied-de-Port jusqu'à Bayonne, où il conflue avec l'Adour. Ce courant, s'étant trouvé fort resserré dans les rochers sous Baygorri et vers Bidarray, a été forcé de prendre en profondeur ce que la dureté des rochers collatéraux l'empêchait de prendre en largeur. Voilà pourquoi il a approfondi son lit au-dessous du niveau des deux autres; et les eaux actuelles des Pyrénées y ont établi leur cours perpétuel. Elles se rassemblent sous S.ᵗ-J.ⁿ-Pied-de-Port, et suivent des sentiers fort étroits et fort sinueux jusqu'à Louhossoa; après quoi elles coulent fort librement jusqu'à Bayonne.

Au débouché des montagnes de Soule nous avons deux courans qui méritent d'être cités. Le principal est celui où coule le Saison, dont le grand courant vient confluer avec celui du Gave de Navarrenx sous Sauveterre; l'autre prend naissance à l'empatement des montagnes sous Tardets et Montory. Il coule par Barcus et Esquiule pour confluer avec celui de Navarrenx à S.<sup>t</sup>-Goin. Ce dernier, quoiqu'il ne soit pas long, ne laisse pas d'être assez considérable.

Le premier courant qu'on trouve en entrant dans le Béarn, est celui de Baretons. Il naît au pied des montagnes de Bastanés, et va confluer avec celui de Navarrenx à Moumour. Il sert de canal au petit torrent du Vert.

Au débouché des montagnes d'Aspe, il n'y a qu'un courant; mais il est superbe, à cause de l'étendue de son bassin. Il se confond vers Saint-Pé avec celui du Vert dont il vient d'être question, et il conflue à Oloron avec deux courans d'Ossau, dont nous allons parler.

Au sortir des montagnes d'Ossau se sont établis quatre principaux courans, qui prennent naissance dans le superbe bassin d'Arudy. Le plus occidental est celui où coule actuellement le Gave d'Ossau, à travers les rochers escarpés du pont Germé. Il file le long du pied des Pyrénées, et se divise en deux branches au moulin de Buzy; l'une va joindre à Buziet le second courant, et l'autre, qui n'est pas le plus considérable, est celui où coule actuellement le Gave qui va confluer avec celui d'Aspe au centre de la ville d'Oloron.

Le second courant d'Ossau est, sans contredit, le plus beau et le plus considérable de tous, quoiqu'il soit maintenant à sec et absolument sans eau. C'est celui qui surmonte les bords du bassin d'Arudy entre le pont Germé et Bescat, et qui forme ensuite les superbes et fertiles plaines de Buziet, Ogeu, Escout, Précillon, Escot et Ledeuix, où il reçoit celui d'Aspe. Ils se propagent ensuite dans la superbe plaine de Navarrenx, pour aller confluer avec celui du Gave de Pau, vers Peyrehorade, après avoir reçu sur leur rive gauche tous ceux dont nous avons fait mention jusqu'ici.

Ce grand courant d'Ossau qui passe au col de Bescat s'est étendu, en sortant de la vallée, par une immense circonvolution qui marque sa direction, jusqu'aux hauteurs des croix de Buzy, et s'est replié ensuite vers le couchant sous les coteaux de Belair, Lasseubetat et Escout. Il forme, au débouché des montagnes de la vallée d'Ossau, un bassin circulaire d'une étendue fort considérable.

Le troisième courant de la vallée d'Ossau est celui de Rebenacq. Il passe par-dessus les bords du même bassin d'Arudy au col de Sévignac; il descend à Rebenacq où jaillissent les eaux du Néez qui proviennent du Gave d'Ossau par des canaux souterrains, et il aboutit au courant du Gave de Béarn avec lequel il conflue vis-à-vis de la ville de Pau.

Enfin, le quatrième courant de la vallée d'Ossau est celui qui surmonte également les bords du bassin d'Arudy par les cols de Louvie, Meracq et S.te-Colome; qui passe à Bruges, où il reçoit les eaux de Hourat par Capbis, et qui va enfin confluer avec le grand courant du Gave de Béarn à Nay.

Avant de quitter le Béarn, on trouve encore le courant des montagnes d'Asson. Il commence aux forges de S.t-Paul, et va confluer avec le grand courant du Gave de Pau à Igon, vis-à-vis de Coarraze. Il sert de canal aux eaux du Louson.

Après les montagnes de Béarn nous

entrons dans celles de Bigorre, où nous trouvons quatre superbes courans aux débouchés des montagnes de Lavedan. Ces quatre courans prennent naissance à la ville de Lourde. Le plus occidental est celui où coule actuellement le Gave de Béarn; ce courant, quoique très-beau, n'est cependant pas le plus considérable. Il court d'Orient en Occident au pied des Pyrénées depuis Lourde jusqu'à S.t-Pé, où il se replie vers le N.-O. pour parvenir à Nay et à Pau. Là, il se confond latéralement avec le second dont il va être question. Ces deux courans se séparent bientôt, et le premier continue son cours par Orthez, Bellocq et Peyrehorade, où il reçoit, sur sa rive gauche, celui de Navarrenx que nous avons décrit, et va ensuite confluer avec celui de l'Adour dont nous parlerons bientôt.

Le second courant du débouché de Lavedan, partant de Lourde, passe par Poeyferré, Loubajac, Pontacq, Espoey, où il entre dans la lande appelée le Pont-Long. C'est là qu'il se confond latéralement avec le courant du Gave Béarnais par une coupure, et la suppression totale de la continuité du coteau qui les sépare. Cette coupure s'étend depuis la croupe du château de Bizanos jusqu'à celle qui monte au château de *Sus* par Beyrie. C'est positivement dans cette brèche, sur le point de séparation de ces deux grands courans, que sont bâties les villes de Pau et de Lescar. Le premier courant est de 15 à 20 toises plus enfoncé que le second; c'est ce qui fait que les eaux actuelles des montagnes de Lavedan se sont précipitées de préférence dans le courant du Gave Béarnais, comme étant le plus profond.

Quoique ces deux courans se soient confondus, il est bien facile de distinguer, dans leur point de réunion, ce qui dépend de chacun d'eux. Tant à Pau qu'à Lescar, ce qu'on appelle Basse-Ville est bâti dans le courant inférieur du Gave de Béarn; comme ce qu'on appelle Haute-Ville est bâti dans le courant supérieur du Pont-Long. Ce dernier, après s'être séparé du précédent à la croupe du coteau de Beyrie et de Sus, continue son cours entre Bougarber et les coteaux de Caubios par Mazeroles, Pomps, Sault-de-Navailles, Amou et Pomarès; après quoi il se confond sous les coteaux de Castelnau, Pouyartin, Monfort, Gamarthe et Préchacq, avec cette vaste et immense plaine que nous avons annoncée d'abord sous le nom de Landes de Bordeaux. C'est sur les rives de l'Adour et aux environs de la ville de Dax que se fait cette réunion générale.

Le troisième courant qui part des vallées de Lavedan à Lourde, passe par Saux, Adé, Ossun et Julian, où il se réunit avec le quatrième qui passe par Lézignan, Escoubé, Bénacq et Louey. Ils vont ensuite se confondre dans un autre courant immense, qui forme la plaine de Tarbes entre les coteaux d'Ossun et Séméac.

Après les courans du débouché de Lavedan, viennent ceux du débouché de Campan, qui prennent naissance à Bagnères.

Le principal est celui où coulent les eaux de l'Adour. Il descend sur une moyenne largeur par Pouzacq, Mongaillard et S.ᵗ-Martin, où il se réunit, au-dessus de Tarbes, avec les deux derniers courans des débouchés de Lavedan, dont nous venons de parler. C'est aux approches de cette ville que le courant commun à trois débouchés, acquiert une largeur considérable, et présente un magnifique bassin qui se prolonge, en descendant du Sud au Nord, dans la plaine de l'Adour par Rabasteins et Vic-Bigorre,

Maubourguet et Plaisance, où il reçoit deux autres courans dont il va être question. Ils se replient ensemble à l'Occident par Riscles, Barcelonne, Aire, Cazères et Grenade, et vont se confondre insensiblement dans la vaste étendue des Landes de Bordeaux.

Il y a un autre petit courant sous le débouché des montagnes de Bagnères, qui va confluer dans le courant de Larros, qui passe par Tournay et S.ᵗ-Sever-de-Rustan, et qui aboutit à Plaisance dans le courant de l'Adour dont on a parlé.

Après le débouché des montagnes de Campan, vient celui des montagnes des vallées d'Aure, de Neste et de Louson. Ici nous n'avons qu'un courant principal, mais il est superbe, tant par la belle largeur de son bassin, que par sa grande profondeur. Ce grand courant devient d'une étendue considérable à cause de la longueur de son cours qui égale celui de la Garonne. Avant de le détailler, nous dirons un mot de quelques petits courans particuliers auxquels son trop plein a donné naissance à son débouché des montagnes d'Aure dans le bassin de Labarthe sous Lannemesan.

Le plus occidental des petits courans d'Aure se dégorge du courant principal par le col de Luquet, près du village de Héches; il tombe à Labastide, arrive à Echelle-Dieu, et se joint au petit courant de Campan, dont il vient d'être fait mention, pour aller ensemble par Tournay joindre le grand courant de l'Adour à Plaisance. C'est dans ce petit courant que coule la petite rivière de Larros. Il est fort profond, mais il n'a guère de largeur considérable qu'après avoir reçu, par déversement, une partie de ceux que nous allons décrire.

Par-dessus les bords du bassin de

Labarthe, on voit naître quatre petits courans, dans la lande de Lannemesan. Ils servent de canal aux eaux des Deux-Baïses, du Gers et de la Save.

Celui de la Baïse-derrière passe entre Lutillons et Lagrange, et arrive à Montestruc et Bonnefont dans la plaine de Trie. Là, il est divisé en deux branches, dont la principale déverse par-dessus les cols de Villambits, Vedou et Lapeyre, et se jette dans la plaine où coule le Boués, pour aller par Tillac, Marciac et Beaumarchez, où il conflue avec celui de Larros qui aboutit dans celui de l'Adour à Plaisance, comme il a été annoncé.

Le courant de la Baïse-devant s'est encore confondu dans le précédent aux approches de Galan, aux environs de Puy-d'Arriu et Trie, d'où il déverse par les mêmes cols de Villambits et Vidou dans le canal du Boués. Aussi ce courant du Boués est-il d'environ 100 pieds plus approfondi que les deux autres, auxquels il a servi de décharge.

Les deux courans des Baïses, qui se confondent et se séparent ensuite aux approches de S.ᵗ-Ost et Sauviac, où ils laissent échapper un petit canal sur celui du Gers vers Pavie, vont se réunir et n'en former qu'un seul à l'île de Noé. Ils passent ensuite par Mazères, Condom, Nérac, pour confluer avec les courans de la Garonne et des Landes de Bordeaux.

Le courant du Gers passe entre Monléon et Castelnau, à Masseube, Pavie, Auch, Leitoure, et Estafort, pour se confondre, comme le précédent, avec ceux de la Garonne et des Landes.

Le courant de la Save, qui prend son origine comme les précédens pardessus les bords du bassin de Labarthe, s'approfondit sous Pinas, passe à S.ᵗ-Plancard, Laroque, Avezac, S.ᵗ-Laurent, l'Isle-en-Dodon, Lombez, l'Isle-en-Jourdain, et va, comme les précédens, confluer avec ceux de la Garonne et des Landes. Vient enfin le beau et superbe courant du débouché des montagnes d'Aure. Il sert de canal aux eaux de la Neste qui coule comme le Gave au pied des Pyrénées, avant de les abandonner, mais dans un sens contraire. Le Gave court, comme nous l'avons dit, d'Orient en Occident, et la Neste d'Occident en Orient, au pied des hautes montagnes que ces deux superbes torrens semblent n'abandonner qu'à regret.

Le courant de la Neste reçoit, sous Montréjeau, les débouchés des montagnes de Barousse et Luchon, par plusieurs autres courans. Ils sont à peine sortis des montagnes, qu'ils se confondent avec le précédent. Ils sont si multipliés et si peu prolongés, qu'il devient inutile de les détailler ici. Disons simplement que le plus occidental est celui où passe actuellement le lit de la Garonne, par S.ᵗ-Bertrand et Jaunac, et qui se dirige sur Montréjeau. Le second est celui où passe la grande route, par Labroquère et Bezert, et qui est encore dirigé sur Montréjeau. Un autre part de Barbason, et se dirige sur Ardiège, d'une part, et sur Sauveterre, Lo et Valentine d'une autre part. Un quatrième prend à Frontignan, passe par S.ᵗ-Pé et Malvesie, et suit le cours du ruisseau de l'Arrousée pour aboutir, par Lespiau, dans le courant du ruisseau appelé Ger. Nous ne finirions pas si nous voulions détailler tous les courans qui aboutissent dans celui de la Neste au débouché des montagnes, qui alimentent cette partie de la Garonne et ses différens affluens. Disons simplement, pour abréger la matière, que le superbe et magnifique courant des débouchés d'Aure et Louson, que nous venons de décrire, passe par Montréjeau, sert de canal au lit de la Garonne par S.<sup>t</sup>-Gaudens, S.<sup>t</sup>-Martory et Toulouse, et il vient ensuite former cet immense courant de 20 lieues de largeur que nous avons décrit, dans le principe, sous le nom de Landes de Bordeaux, où généralement tous les courans des Pyrénées viennent aboutir entre l'Océan et la méditerranée. Nous ne nous étendrons pas d'avantage sur le détail des grands courans, qui sillonnent les pays adjacens aux Pyrénées. Ceux que nous avons détaillés suffisent pour notre objet.

Tous ces courans prennent naissance au pied des Pyrénées, et ordinairement aux débouchés des vallées. Les uns servent, comme nous l'avons dit, à l'écoulement actuel des eaux des montagnes, et les autres sont absolument à sec ou ne reçoivent d'autres eaux que celles des pluies et de quelques petits ruisseaux et sources, qui prennent naissance dans l'intérieur des terres, et qui s'écoulent dans ces grands courans, par la facilité qu'elles trouvent dans des canaux tout tracés.

Un des plus considérables, parmi ceux qui sont à sec, est le Pont-Long, qui prend naissance en Bigorre, traverse tout le Béarn et la Chalosse pour aboutir à Dax. Il a 25 lieues de long sur une de largeur à sa naissance, et deux à son embouchure.

Un autre courant, également beau, est celui de l'Adour qui prend sa source à Lourde, d'une part, et reste à sec jusqu'à Tarbes, et qui prend sa source à Bagnères, d'autre part, et va aboutir dans les Landes de Bordeaux vers S.<sup>t</sup>-Sever-Cap. Il est peut-être plus large en certains endroits que le précédent, mais il n'est pas aussi long.

Le plus beau de tous est, sans contredit, celui du débouché de la Neste qui reçoit les courans de la Garonne, et qui sert de canal à cette rivière dans toute l'étendue de son cours.

Nous ajouterons que, partout où des courans particuliers viennent aboutir sur des courans majeurs avec lesquels ils confluent ensuite, on remarque, en face du courant particulier et sur la rive opposée du courant majeur, une espèce d'ance ou de courbure qui fait élargir, dans cet endroit, le courant majeur.

C'est ainsi que, vis-à-vis du débouché d'Asson, sur le courant du Gave Béarnais, se sont formées les plaines élargies de Bénéjac, Angaïs, etc :

C'est ainsi que, vis-à-vis du courant de la Neste, sur le même courant du Gave, ce dernier s'est déjeté sur la rive opposée, au point de se confondre avec le courant latéral du Pont-Long, entre les châteaux de Bizanos et Beyrie :

C'est ainsi que les courans du Jos et du Vert ont élargi la plaine de Navarrenx à Saucède :

C'est ainsi que le courant du Pont-Long, confluent dans celui du Gave à Lescar, a élargi ce dernier sous Abos.

Indépendamment des grands courans, dont nous venons de parler, qui prennent naissance au pied des montagnes et qui se dirigent vers l'Océan, il existe un canal d'une autre nature et que nous ne devons pas passer sous silence ; il est très-important pour notre objet, et devient, pour ainsi dire, la clef générale de l'ancienne organisation des Pyrénées que nous nous proposons de développer ici.

Ce canal est plutôt une fosse d'une largeur, d'une profondeur et d'une longueur immenses, qu'un vrai courant. Aussi, toutes les fois que nous aurons occasion d'en parler, nous le désignerons sous le nom de Fosse ou d'Abîme, pour le distinguer des courans précédens dont il diffère du tout au tout, comme nous le démontrerons.

Cette fosse règne au pied des Pyrénées dans toute leur étendue. Elle coupe perpendiculairement la direction générale des grands courans, depuis Bayonne jusqu'à Perpignan. Quelquefois aussi elle leur sert de canal. On croit peut-être, comme la chose paraît naturelle, que les pays adjacens aux Pyrénées s'élèvent peu à peu à leur approche, et qu'ils gagnent insensiblement leur sommet par différens gradins. Mais il n'en est pas ainsi. Le pays adjacent aux Pyrénées s'élève, il est vrai peu à peu, à mesure qu'il s'en approche ; mais, dès qu'il est parvenu à leur empatement, il se précipite tout à coup dans un abîme général qui forme la fosse dont il s'agit, et ensuite les montagnes s'élèvent à pic, comme le revêtement d'un rempart qui prend naissance dans le fond du fossé. C'est ainsi que les premières montagnes forment tout à coup le premier cordon qui s'élève, pour ainsi dire, jusqu'aux nues. Nous aurons occasion, quand nous parlerons des montagnes, d'observer la manière dont elles s'élèvent pour dominer le pays adjacent. Parcourons maintenant en détail, le cours de cette fosse qui tranche subitement et sépare net le pays de montagnes, du pays inférieur.

Elle se perpétue depuis l'Océan jusqu'à la méditerranée, toujours à la base et à la naissance des montagnes qu'il sépare du pays inférieur, comme le fossé d'une fortification sépare le glacis, du rampart qui le commande. Ce qu'il y a de remarquable, c'est qu'elle n'est interrompue nulle part, dans toute l'étendue d'une mer à l'autre. On voit seulement qu'il ne conserve pas la même profondeur lorsqu'il est traversé perpendiculairement par le débouché d'une vallée. Il se forme alors sur les rives du débouché, des espèces de digues qui longent la vallée et barrent la fosse générale. Jamais ces digues transversales ne barrent totalement l'abîme ; jamais elles ne sont aussi élevées que la surface générale du sol adjacent aux Pyrénées, et toujours ce fossé est fortement caractérisé par une espèce de col sur ces digues surbaissées, comme pour marquer sa direction. Quelquefois il est occupé par quelqu'un des grands courans désignés ; mais alors il est aisé de voir que ce sont ces derniers qui ont changé leur direction naturelle, pour profiter, pendant un certain trajet, de l'affouissement déjà fait dans l'abîme, où ils ont trouvé tout frayé le lit dans lequel ils se sont précipités avec d'autant plus de facilité, que cet abîme paraît avoir eu dans son origine, beaucoup plus de profondeur, que n'en ont ordinairement les grandes vallées et les courans qui descendent des Pyrénées. Cet abîme est moins caractérisé aux deux extrémités des Pyrénées, vers les deux mers, que dans le milieu de la chaîne. Et, généralement parlant, plus les montagnes sont élevées sur leur empatement, plus aussi l'abîme se trouve approfondi. Nous expliquerons la cause de ces différens effets, lorsque nous donnerons la raison de cet abîme général et continu. Passons à sa description, en commençant vers Bayonne, comme nous l'avons fait pour celle des courans.

J'oserais avancer que le canal général qui règne au pied des Pyrénées, dans toute l'étendue de la chaîne, prend son origine vers l'Occident, sous l'Océan même, à la pointe du Cap Finisterre, et qu'il court vers l'Orient, le long de la côte, jusqu'à S.ᵗ-Sébastien, où il sort de dessous les eaux pour entrer dans les terres. C'est-à-dire, je présume que, toute cette côte d'Espagne étant la continuité de la chaîne des Pyrénées, son organisation générale doit être la même sous les eaux que dans les terres. Mais comme je ne suis point assuré de ces faits, et que j'ai pris à tâche de ne décrire que ceux que j'ai vus, et que tout le monde peut aisément vérifier, je vais commencer la description du canal, à l'endroit où il sort de dessous les eaux et où il paraît évidemment à la surface de la terre.

C'est vers S.ᵗ-Sébastien en Espagne; il passe au Sud et au Nord de la montagne Couronnée, qui fait île dans sa largeur. Il reçoit la Bidassoa à Berra, et c'est pour se conformer à la direction forcée de ce canal qui lui est étranger, que cette rivière, dont le cours se dirige naturellement du Sud au Nord, se replie à Berra, pour courir pendant une lieue d'Orient en Occident. Il passe au midi de la montagne de la Rhune, au Nord des palommières de Sarre, sous Zugaramurdi, dans le territoire d'Ainhoue, où il fait faire au cours de la Nivelle une légère inflexion contre son cours naturel. Il passe ensuite sous Mondarin, et c'est encore pour se conformer à la direction de ce canal, qu'elle a trouvé tout fouillé, que la Nive, qui court naturellement du Sud au Nord, a replié son lit, pour courir de l'Est à l'Ouest, pendant une lieue et demie, au territoire de Louhossoa. Il passe ensuite sous la montagne de Baygorri, au territoire de Helette. Après cela, sa direction se trouve traversée par les grandes et larges vallées qui descendent des montagnes de Navarre. Il remonte au pied de Baygorri, dans le bassin de la vallée d'Ossés, d'où il suit le lit des deux Nives jusqu'au bassin d'Etchaux, laissant pour île au milieu la montagne d'Iruleguy. Il prend son cours par Uhart et S.ᵗ-J.ⁿ-Pied-de-Port, où la Nive suit sa direction, et il passe par un col un peu élevé, dans le bassin du débouché de Hosta, entre la base de la montagne de Belehou et les palommières d'Osquiche.

Nous avons annoncé que cet abîme n'est pas aussi fortement caractérisé vers les deux extrémités de la chaîne, où les montagnes sont fort basses, que vers le centre des Pyrénées. Aussi la partie que nous venons de décrire du côté de l'Occident, dans le Labour et la basse Navarre, n'est pas profondément excavée, et elle est entrêmement large. Il n'en est pas ainsi, de la partie intermédiaire qui comprend la Soule, le Béarn, la Bigorre, le Nebousan, le Comminge, le Couseran, et même le pays de Foix jusqu'au Roussillon. Cette partie du canal, qui se trouve au pied des hautes montagnes, est bien plus tranchante, plus étroite, plus profonde et moins interrompue, sur un trajet de 60 lieues de long.

C'est sur les frontières de Navarre

et de Soule qu'il commence par un bassin large et profond. Il existe entre Hosta et S.ᵗ-Just, au pied de la montagne de Belechou ; il continue par Garaybie, Suharre et Tardets, où il est traversé par le Val de Soule. Il remonte jusqu'au village de Montory, par la gorge de ce nom. Il passe au pied des montagnes de Bastanés, et arrive au-dessus du village de Lanne, dans le bassin d'Arette. Il passe au Nord et au Sud de la montagne de Beré jusqu'à Issor, où le ruisseau de Lourdios change sa direction naturelle, et le suit pendant une lieue, pour parvenir au débouché de la vallée d'Aspe, où il fait faire une forte inflexion au cours du Gave d'Aspe sous Lurbe. Là, il se trouve barré par une légère digue que forme la rive droite surbaissée de la vallée d'Aspe, au pied du Binet, d'où il descend par un col dans le joli bassin de S.ᵗ-Christau, où il sert de canal aux eaux de Lourteau. Ensuite, faisant un angle droit avec le cours du Gave d'Ossau, il oblige ce torrent à rompre sa direction naturelle, pour suivre sa direction forcée sur un trajet de plus de deux lieues, jusqu'au superbe bassin d'Arudy dont il fait partie.

Pour sortir de ce bassin, notre canal franchit le col de Louvie, qui n'est, comme il a été dit, que la rive surbaissée de la vallée d'Ossau, comme le col de S.ᵗ-Christau n'est que la rive surbaissée de celle d'Aspe. Après le col de Louvie, il court au pied de la montagne du Rey, et forme le bassin d'Estarech, aux eaux duquel il donne cours pendant deux lieues. A Hourat se trouve un petit col formé par le débouché du Bosest, aux eaux duquel il donne un cours forcé pendant deux autres lieues, jusqu'à Capbis. Il est encore barré par le col de S.ᵗ-Paul-d'Asson, qui forme la rive gauche du val de Louson. Il se continue au pied des montagnes de Casteit-Manheit, Nabatis et Plan-de-Bénacq vers S.ᵗ-Pé. C'est là qu'il a encore rompu le cours naturel du torrent du Gave Béarnais, dont la direction brisée ressemble à la lettre Z, aux points de S.ᵗ-Pé et Lourde, sur un trajet d'environ trois lieues. Cette fracture irrégulière ne peut avoir d'autre cause que celle que nous avons déjà indiquée, puisque le Gave affecte la ligne droite dans tout le reste de son cours, à cause de la grande impétuosité de ses eaux, qui tendent toujours à suivre la ligne la plus courte. Après Lourde, le fossé se continue par Anclades, Arrodet et Labassère, d'où il tombe à Bagnères, après avoir franchi quelques cols surbaissés. Il passe ensuite à Gèdre et à Asté, d'où il pénètre, par plusieurs cols, dans les abîmes des sources de Lesquedu et de Larros, au pied des montagnes d'Esparros et pic d'Arneille, d'où il sort par le col de Luquet, et passe à Hèches et Labarthe. C'est là que le torrent de la Neste et de la vallée sont forcés de baisser leur cours naturel qui se précipite du Sud au Nord, afin de se conformer à la direction du canal qui va d'Occident en Orient. Ici le cours de la Neste le caractèrise bien vigoureusement. C'est encore pour se conformer à la direction de cet abîme, que ce torrent et celui de la Garonne, qui descendent avec tant d'impétuosité des hautes montagnes, se sont repliés net, par un coude brisé, pour courir d'Occident en Orient, positivement au point de rencontre avec le canal que nous décrivons, et qu'elles n'ont pu s'empêcher de suivre. Il est certain que ces deux torrens descendent des montagnes, suivant la direction du Midi au Nord. Leur tendance naturelle serait donc de prolonger cette même direction, par une suite nécessaire de l'impulsion qu'ils reçoivent dans ce sens, en descendant des hautes montagnes. Cependant pas un de ces torrens ne suit, quand il rencontre notre canal, la direction que sa propre force accélérée lui imprime. Tous sont plus ou moins détournés à leur point d'incidence, sur le canal général.

La Neste et la Garonne sont obligées, à son occasion, de briser leur cours et de décrire une courbe qui triple le trajet qu'elles ont à faire, pour parvenir à leur but. Elles devraient s'incliner vers l'Occident; cependant elles courent droit à l'Orient, et sont obligées de se replier à Toulouse, pour arriver à Bordeaux, tandis que Bayonne est leur destination.

Quelle est la loi qui les oblige à ces contorsions ?

Elle n'a pas été ainsi établie sans de puissantes causes. Ce sont ces causes que nous tâcherons de développer dans la suite.

On doit encore observer que le fossé profond que nous venons de décrire, est bordé, du côté du Nord, d'une digue, ou espèce de grande chaussée qui domine, par un glacis très-adouci, tout le pays adjacent aux Pyrénées ; que cette digue se perpétue dans l'étendue de l'abîme ; qu'elle n'est interrompue que dans les endroits où les grands courans prennent naissance, et que c'est positivement au revers de cette espèce de digue, et au bas de ses talus, que prennent naissance tous les petits courans qui vont ensuite raviner et sillonner, par mille embranchemens qui y affluent, tous les pays jusqu'aux Landes de Bordeaux. On remarque que, partout où cette vaste chaussée a été rompue, il s'en est suivi un courant majeur qui a prolongé son cours depuis cette rupture jusqu'à l'Océan.

On doit encore observer la courbure des couches qui forment cette chaussée. Elles suivent exactement sa surface bombée en dos d'âne, et semblent la revêtir, en suivant exactement les inflexions de sa surface. C'est à l'extrémité du glacis de ces couches, que prennent naissance les petits courans, par-dessus la grande chaussée.

## *Description, Nature et Organisation des Pyrénées.*

Qu'on se représente une éminence étroite et allongée, brusquement élevée au-dessus des vastes contrées qu'elle domine ; qu'on se figure une citadelle qu'un large fossé sépare des immenses glacis qu'elle commande fort au loin ; que cette éminence représente la masse pierreuse des Pyrénées, que ses glacis représentent les plaines terreuses qui constituent les pays adjacens, et enfin que le fossé qui sépare la forteresse, des glacis, représente le canal qui règne au pied des Pyrénées, depuis l'Océan jusqu'à la méditerranée, on aura une idée de la disposition superficielle, et de la configuration générale et physique de la chaîne des Pyrénées et des pays adjacens.

Ce mur altier, qui sert majestueusement de bornes entre la France et l'Espagne, et de point de partage aux eaux qui vont arroser chacun de cés deux royaumes, est uniquement composé de pierres calcaires.

On observe, dans la haute chaîne des Pyrénées, de vastes brèches qui les entrecoupent d'espace en espace. Ces tranchées semblent avoir été entr'ouvertes exprès par la nature, pour servir de portes de communication d'un royaume à l'autre. Aussi les appelle-t-on cols ou ports ; mais ces dégradations sont locales. Elles n'influent en rien sur la disposition générale des couches du reste de la masse. Son organisation primitive n'a pas été altérée par ces accidens particuliers. Les cols des Pyrénées semblent n'avoir d'autre origine, que la rencontre de deux ruisseaux dont les cours sont dirigés en sens contraire. Du moins, ils n'existent que dans les endroits où on voit naître deux ruisseaux, tête à tête, et couler à l'opposite. Chacun a corrodé, dans un sens toujours rétrogade, le versant de son flanc de montagne. Avec le tems, les deux ruisseaux, dégradant chacun de son côté, ont dû nécessairement se rencontrer ; et il en a résulté la destruction de la montagne. De là, ces vastes ouvertures qui servent aujourd'hui, fort heureusement, de communication.

La règle que nous établissons, quoique générale, n'est pas sans exception. On trouve des cols qui doivent leur origine à des chutes de montagnes, à des affaissemens subits, plutôt qu'à la dégradation insensible causée par des ruisseaux opposés. Ces sortes de cols sont ordinairement les plus praticables, mais ils sont si rares, qu'il serait impossible d'en citer une douzaine dans toute l'étendue de la chaîne.

On a établi bien des systèmes sur les montagnes ; il eut été bien plus simple d'en établir sur les vallées. L'inspection des monts Pyrénées le démontre.

Cette chaîne de montagnes semble n'être, dans son ensemble, que les restes encore subsistans d'une ancienne croûte du Globe, qui tombe en vétusté de toutes parts. C'est dans les Pyrénées que la nature semble expirer. On remarque cependant, du sommet des pics les plus hauts, que cette croûte a conservé, abstraction faite des vallées, une surface assez uniforme dans son ensemble. Elle est bombée vers le milieu ; elle s'arrondit sur les côtés, et descend presque perpendiculairement : on pourrait la comparer, en petit, à une grande chaussée qui domine des deux côtés, sur une vaste plaine.

M. l'abbé Palassou a été le premier qui ait observé que la masse de ces montagnes et vallées est composée de bancs suivis et alternatifs de matières calcaires et schisteuses.

J'ai reconnu, au moyen d'une chaîne de triangles que j'ai projetés au sommet des Pyrénées, que ces bancs se prolongent à des distances considérables, à travers toutes les vallées et en ligne parfaitement droite. La direction de ces bancs forme, avec le méridien de l'observatoire de Paris, un angle de 71 degrés à l'Est vers le Sud; c'est-à-dire qu'ils suivent la même direction que la chaîne des Pyrénées, dont ils sont les générateurs, et qu'ils sont perpendiculaires à la plus grande longueur de notre ancien continent. Ces bancs sont coupés sous différens angles, par les gorges ou vallées dont la direction tortueuse varie à l'infini. Cependant comme les principaux torrens des Pyrénées descendent assez généralement du Sud au Nord, il s'ensuit qu'ils coupent ces bancs ou en sont coupés, sous un angle presque droit. L'épaisseur de ces bancs varie depuis cent jusqu'à mille toises. Néanmoins les bancs calcaires paraissent ordinairement plus épais que les schisteux. Ils sont aussi plus élevés, peut-être par la seule raison qu'ils sont beaucoup plus compactes et moins destructibles. Il ne m'a pas été possible d'observer l'inclinaison de ces bancs. Il aurait fallu, pour la déterminer, rencontrer une ou plusieurs coupes de ces montagnes exactement nettes et à découvert, ce qui est très-difficile, par rapport aux éboulemens des matières calcaires qui, comme plus élevées, recouvrent presque toujours les matières schisteuses; et cette raison pourrait bien aussi m'avoir fait tomber dans l'erreur ; lorsque j'ai vu les bancs calcaires plus épais que les bancs schisteux, qui sont rarement à découvert dans leur totalité. Cependant ces bancs approchent de la direction verticale.

Les grandes et principales gorges des Pyrénées étant dirigées du Sud au Nord, presque tous les embranchemens collatéraux, dont les eaux aboutissent aux torrens principaux, vont ordinairement de l'Est à l'Ouest et réciproquement. De sorte que les ruisseaux tombent assez perpendiculairement dans les torrens. Ils roulent presque tous dans les schistes. Il y en a très-peu dans les calcaires. Ceux qui s'y trouvent, sont entre deux murailles à pic, qui surplombent en certains endroits et menacent ruine. Ils sont inabordables.

Les cols qui communiquent de l'Est à l'Ouest, d'une vallée à l'autre, sont dans les schistes. Les calcaires sont insurmontables. Ceux qui se trouvent à l'origine des principaux torrens, qui communiquent du Nord au Sud, sont encore la plupart dans les schistes. Les bancs de calcaire sont impraticables, à moins qu'ils ne soient découpés par les eaux. Aussi les cols de communication de France en Espagne, sont-ils plus rares que ceux qui communiquent d'une vallée à l'autre, parce que les uns filent dans un banc schisteux entre deux calcaires, au lieu que les autres doivent transpercer le calcaire, pour se réunir au sommet des bancs de schiste.

Il suit de ce qui précède, que la formation générale de l'ensemble des Pyrénées est *une*, et a été jetée en bloc, par un mouvement général de la nature, indépendamment des vallées, puisque les bancs transpercent indistinctement ces vallées, en tous sens et à des distances considérables. Je ne sais si je m'explique, mais je veux dire que la formation des vallées est indépendante, et de beaucoup postérieure, à la formation de l'ensemble des montagnes qui les avoisinent.

Si les montagnes avaient été formées, comme le prétend M. de Buffon, par des amas de matières charriées par la mer, et déposées à côté des courans, il y aurait nécessairement un certain rapport, entre les vallées et les bancs ou couches qui composent les montagnes latérales. Il n'en existe aucun. Les bancs sont aussi régulièrement posés, que les vallées sont irrégulièrement percées. D'ailleurs, la fameuse observation des angles rentrans, vis-à-vis des angles saillans, n'a pas lieu dans les vallées principales des Pyrénées. Qu'on parcoure celles de Bidaray, d'Essés, d'Etchaux, des Aldudes, de Mauléon, etc., on ne trouvera rien de ces angles saillans, vis-à-vis des angles rentrans. Cette règle n'a lieu que dans les gorges extrêmement resserrées, et encore n'est-elle pas générale. On peut donc croire que les vallées sont postérieures à l'ensemble de la chaîne des montagnes qu'elles transpercent et découpent.

Les vallées se sont formées insensiblement par l'écoulement des eaux, qui sont tombées au-dessus de cette ancienne croûte qui, par son ensemble, forme la masse de cette chaîne. Ces eaux se sont introduites dans les pertuis par les sommités, et en sont sorties par le pied, après avoir formé, d'abord des sources, puis des cavernes, qui se sont élargies et approfondies avec le tems, et dont les voûtes ont croulé dans les calcaires plutôt que dans les schistes. Les parties où les voûtes ont croulé les premières, ont formé ces larges et jolies vallées d'Ossés en Navarre; de Bédous, Atas et Accous en Aspe; les vallées d'Arudy et Laruns en Ossau; celle d'Argelés en Lavedan, etc.

Les premières espèces d'entonnoirs qui se sont formés au-dessus des cavernes, ont eu le tems de s'élargir, parce qu'à mesure que le courant déblayait leurs décombres dans le fond, il en comblait d'autres latéralement, qui étaient encore charriés ; et souvent ces décombres forçaient le courant à se dévoyer, à élargir et approfondir le bassin. Voilà, je crois, l'origine de ces jolies vallées assez souvent circulaires, ovales ou oblongues, qui se rencontrent dans le fond des monts Pyrénées.

Quant aux gorges étroites et resserrées, qui conduisent d'un de ces bassins à l'autre, ce sont les dernières parties des voûtes des cavernes qui ont croulé. Leurs débris ont comblé le bas de la caverne, et fait refluer l'eau dans les bassins supérieurs. Elles y ont formé des étangs, au fond desquels se sont déposés des graviers et des vases, qui forment aujourd'hui ces terres si précieuses pour la culture. Cette opinion explique très-bien la formation des vallées de différentes largeurs. Elle paraît simple et naturelle. Elle est prouvée par les faits.

On voit encore de ces voûtes, qui semblent se rejoindre à la sommité, dans les gorges étroites. Il ne leur manque que la clef pour former des cavernes. D'autres conservent encore ces clefs. Telle est la caverne d'Itturits, que quelques-uns ont pris pour une galerie de mineurs, et qui n'est autre chose qu'un canal supérieur, dans lequel le superflu des eaux de Larberoue remontent, quand le canal ou la caverne inférieure est trop plein ou obstrué. Car ce ruisseau passe dans cette partie, sous un banc de pierre calcaire, qui n'a pu encore être rompu. Les eaux ont deux canaux principaux dans cette montagne ; l'un supérieur, qui est à sec lors des basses eaux ; et l'autre inférieur, dans lequel les eaux coulent habituellement. Cependant, lorsqu'il survient des débordemens considérables, ou lorsque le canal inférieur s'obstrue, les eaux s'accumulent dans le vallon inférieur. Elles y forment un étang qui monte jusqu'au canal supérieur, qui lui sert alors de dégorgeoir.

Il y a à Camou, en Soule, une autre voûte qui n'a pas encore croulé. Les eaux d'Absai s'assemblent dans un bassin, au-dessus d'un banc calcaire, et sortent au-dessous, dans la paroisse de Camou ; mais elles sont salées. Les eaux des plaines de Saubé et Ité n'ont d'autres issues, qu'à travers les rochers, dans des cavernes. Je ne finirais pas, si je citais celles que je connais.

Dès que les voûtes de ces cavernes viendront à crouler, il en résultera des gorges ou des vallées comme celles qui subsistent actuellement et qui se sont formées de la même manière. Il y a de ces vallées qui doivent s'être ainsi formées depuis peu de tems. La vallée d'Ossau, par exemple, au-dessus de Laruns, doit être nouvellement ouverte; car l'endroit d'où sort le Gave, qui est extrêmement étroit et tortueux, et qui a l'air d'un bouleversement total, s'appelle, en béarnais, Hourat, qui signifie le trou ou la caverne.

Quand nous voyons que la nature agit ainsi dans certaines circonstances, nous sommes en droit de conclure, qu'elle agira et qu'elle a agi de même. D'ailleurs, nous avons des éboulemens trop marqués, pour qu'on puisse douter que c'est de cette manière que se sont formées les vallées. Toute la paroisse de Lescun, en Aspe, n'est qu'un vaste éboulement dont les eaux n'ont pu charrier les débris, et dont les restes forment les montagnes d'Anie, de Petrejain, de Bilhères et d'Aigarri.

J'ai vu évidemment, que les Pyrénées sont l'ouvrage des eaux, tant dans leur formation que dans leur destruction. Faits bien opposés à l'étymologie de leur nom, qui nous donne l'idée de travail du feu.

Les Pyrénées sont l'ouvrage des eaux. Il n'y a aucun doute sur cette assertion. Leur nature, presque partout calcaire, les madrépores, les coquillages innombrables qu'on trouve intercalés dans la pierre calcaire, au plus haut des Pyrénées, sont une preuve évidente de leur formation première. Ce n'est pas pour prouver mon système, que j'avance qu'elles sont un dépôt aqueux; c'est, au contraire, parce que mille preuves m'ont démontré cette vérité, que j'entreprends de l'écrire comme incontestable. Ce dépôt aqueux, a été assis par couches successives, et quelquefois par bancs, sur une masse granitause. Ces couches étaient originairement horizontales, ou du moins fort approchantes de la situation horizontale dans leur ensemble. Elles ont pourtant été ondulées dans le détail, soit par le mouvement des eaux qui les ont déposées, soit parce que la base sur laquelle elles ont été assises, n'était pas régulièrement horizontale ; soit, enfin, parce que le sol inférieur aura pu s'affaisser par le poids supérieur, dans une partie plus que dans une autre. Je dis que les Pyrénées ont été déposées par couches horizontales, mais je parle des calcaires qui forment la majeure partie de leur chaîne. Pour s'en convaincre, il suffit de se transporter sur le cordon qui sépare la France de l'Espagne, et qui forme le point de partage des torrens, qui découlent dans chacun de ces deux royaumes. C'est en suivant sa haute cime avec attention, qu'on verra la vraie situation des Pyrénées originaires. On y remarque des restes encore subsistans, de la masse première. Ces restes se trouvent fort éloignés des cols ou des passages ordinaires, et des routes qui gravissent en suivant l'origine des torrens, et par conséquent dans les parties les plus dégradées par le sillonnement des eaux superficielles, et par les éboulemens, qui en sont une suite nécessaire.

Si les parties les moins dégradées, conservent encore leur situation horizontale, ne devons-nous pas en conclure que les parties dégradées, et qu'on voit évidemment avoir été détachées de ces masses premières, étaient également horizontales?

Je ne m'arrêterai pas d'avantage à démontrer la situation primitive des couches de formation des Pyrénées. Je dis qu'elles étaient horizontales; si quelqu'un en doute, je le renvoie à la lecture du grand livre de ces montagnes. Je vais seulement lui indiquer les chapitres où il trouvera cette vérité écrite en caractères bien lisibles.

Il ne faut point s'attacher à la partie des Pyrénées voisine de l'Océan ni de la méditerranée : ces deux extrémités sont trop basses ; elles ont été trop ravagées et trop écimées par les eaux superficielles, pour qu'on puisse y rien reconnaître de la première organisation. Il ne faut pas non plus parcourir les vallées comme la plupart des naturalistes : elles ne sont que débris, ruines et décombres des parties supérieures. Mais il faut parcourir la haute cime, ou plutôt le faîte du toit qui sépare les vallées d'avec les vallées. La partie la plus propre à ces observations s'étend dans les hautes chaînes qui alimentent les Gaves, l'Adour et la Garonne, et principalement, depuis la vallée d'Aspe, jusqu'à celles de Bagnères et de Luchon.

Pour bien lire cette partie du livre des Pyrénées, il ne faut pas, comme il vient d'être dit, s'enfoncer dans les gorges, et suivre à son aise les routes douces et plainières qui serpentent suivant les inflexions des vallées; mais il faut, comme je l'ai fait, gravir par des chemins à peine accessibles aux chèvres, sur ces hautes cimes qui séparent les vallées, et qui forment les points de partage des différens affluens des torrens qui les sillonnent.

Arrivé sur une de ces croupes, il faut la suivre et l'examiner dans tous les sens, en remontant jusqu'aux points où elle se réunit avec la sommité générale. Et c'est précisément à ces points de réunion des sommités subalternes avec la sommité générale, qu'on apercevra l'horizontalité des couches. Pour la bien voir, il est essentiel d'examiner la médaille sur toutes les faces et dans tous les sens. Sans cela, on n'en aurait qu'une connaissance partielle et très-imparfaite. Il ne suffit pas non plus d'examiner une seule montagne. Il faut, pour s'assurer de leur organisation générale et constante, les parcourir toutes, ou du moins un très-grand nombre, les unes après les autres, afin de pouvoir bien distinguer ce qu'elles ont de commun, d'avec ce qu'elles ont de particulier. Ce qu'elles ont de commun donnera des notions sur leur organisation générale ; et ce qu'elles ont de particulier donnera des notions sur le mode des révolutions particulières qu'a subi chaque localité. C'est encore dans ces révolutions particulières, qu'on verra qu'une cause générale et universelle a dû produire ces différentes particularités.

Le plan des bancs est plus ou moins incliné depuis 30 jusqu'à 60° sous l'horizon, d'où il suit qu'il est à peu près dans celui de l'équateur. Cette exactitude dans la direction des bancs de formation et dans l'alternation des bancs calcaires et schisteux, est surprenante. J'ai d'abord imaginé que cette formation pouvait être due à l'action du flux de la mer, lorsqu'elle occupait les Pyrénées. En effet, en supposant le premier plan de formation incliné comme l'équateur, il aurait pu se faire que tous les autres bancs successifs eussent été dans le même plan. Je supposais que chaque coup de flux pouvait avoir appliqué deux couches sur le plan de formation; que la première aurait été calcaire, parce que, le flux charriant des matières de différente pesanteur, les coquillages, comme plus légers, auraient marché à la tête du flot, et se seraient appliqués, d'abord, sur le plan de formation, pour y former un banc calcaire; qu'à la suite des coquillages, seraient venus les sables et autres matières plus pesantes qui, en s'appliquant sur les coquillages, auraient formé un banc schisteux; et qu'ensuite serait survenu un autre coup de flux qui aurait produit, par la même loi, deux autres couches, dont la première aurait encore été calcaire, et la seconde schisteuse. Il en aurait résulté une suite de couches alternativement calcaires et schisteuses. Quant à la direction de ces couches, elle aurait dû être d'Orient en Occident, comme elle l'est réellement, parce que l'astre, qui occasionne le flux, attire les eaux du Nord au Sud ; et l'on conçoit que, par un tel mouvement, les couches devaient se prolonger en sens contraire.

Ce qui m'embarrassait, c'est cette direction suivie, et le plan incliné si exact dans les bancs de formation. Je suis persuadé que, quand même il se formerait au fond de la mer des couches sur un plan incliné, ces couches finiraient par devenir horizontales, surtout dans une formation en grand, comme celle des Pyrénées. La parfaite direction dans les couches me paraissait encore impossible; car un rien, dans le mouvement des eaux, était capable de tout troubler.

Ainsi, je renonçai à cette 1.re conjecture ; j'examinai de plus près la masse des Pyrénées ; je suivis, autant qu'il me fut possible, la direction de leurs couches pour m'assurer, par une suite de faits, de la vraisemblance de cette idée, ou pour y renoncer tout à fait. Mes recherches me l'ont totalement fait abandonner, et m'en ont fait naître une autre appuyée sur quantités de faits, et qui est bien plus naturelle et plus probable que la 1re. Je la donnerai cependant encore comme conjecturale. La voici :

Il est naturel que des couches qui se forment dans le sein des eaux, s'y forment sur un plan horizontal ou approchant de l'horizontalité. Ce plan est plus conforme aux lois de l'hydrodynamique et à celles des dépôts. Cependant les couches des moyennes Pyrénées ont été formées dans le sein de la mer; il n'y a aucun doute : et cependant elles ne sont pas horizontales; mais il ne s'ensuit pas qu'elles ne l'aient été. Cette parfaite direction dans les couches semble annoncer qu'elles ont été formées sur un plan horizontal. Et, en supposant cette formation dans une mer vaste et profonde, il est presque démontré que, les bas-fonds une fois comblés, toute la formation supérieure sera parfaitement horizontale, s'il n'y a pas d'obstacle : il n'est pas possible que cela soit autrement. Si les couches du côté de France, ne sont plus aujourd'hui horizontales, c'est un accident. Elles sont dans une parfaite direction. C'est une preuve de plus, pour croire qu'elles ont été parfaitement horizontales. Cette position a changé; voici quelle peut en être la raison : je ne prétends pas ici parler du changement d'axe du Globe : il est impossible que ce changement ait jamais été assez considérable, pour que des couches, qui tiennent aujourd'hui le milieu entre l'horizontal et le vertical, aient pu autrefois se trouver dans une direction horizontale, par le seul changement d'axe du Globe. Le plan des couches des Pyrénées, s'il était prolongé, irait au quart de l'axe de la Terre, puisqu'elles sont à peu près dans le plan de l'équateur.

Les couches actuelles des Pyrénées, étaient autrefois horizontales. Mais, comme il s'est fait un affaissement considérable dans la France, il est probable que la partie haute de ces montagnes a resté stable au milieu de ce fracas, puisque les couches y sont généralement horizontales. Les parties qui se sont trouvées sur le bord du précipice, et qui ne s'y sont pas englouties, ont dû s'incliner plus ou moins, selon qu'elles s'en approchaient ; et à l'endroit de séparation, il a dû se faire une large fente qui, depuis cette époque, a dû se combler de débris. Les faits sont en cela d'accord avec la théorie. Plus on remonte les Pyrénées, plus les couches se rapprochent de l'horizontalité. Il se trouve un point de séparation fort large entre les montagnes moyennes dont les couches sont inclinées, et les montagnes supérieures dont les couches sont horizontales ou ondulées. Cette large séparation est remplie de débris de montagnes. Pour s'assurer de ces faits, on peut remonter la vallée d'Aspe. On voit des bancs plus ou moins inclinés vers le grand affaissement, jusqu'à Portalet, où se trouve la cassure, ou la séparation des montagnes inférieures d'avec les supérieures. Elle est, on ne peut pas mieux, caractérisée par la coupe de la montagne appelée Péné-de-Portalet.

Au-dessus de ce point, on entre dans la vaste fente, jusqu'au pied de Peyréner. Cette partie intermédiaire est remplie de débris. Jusques-là, il n'y a aucun lac sur les montagnes. Les eaux n'ont pu séjourner dans des bassins fracassés et sur des plans inclinés. Au-dessus de ces démolitions, s'élèvent les montagnes d'Aspe, Bernide, Castillo, etc., dont les couches sont horizontales ou ondulées. C'est alors aussi, qu'on trouve les lacs d'Astaincé, du col des Moines, de Bicos, etc., qui s'entretiennent très-bien sur des couches horizontales, ondulées et non fracassées.

Au reste, ceci n'est que conjectures. Je le regarderai comme tel, jusqu'à ce que des yeux plus éclairés que les miens, aient vu les lieux et prononcé un jugement définitif.

Avant de terminer le chapitre de la formation des Pyrénées, je remarquerai qu'elles sont formées de couches dont les directions varient ainsi que les inclinaisons.

Les parties qui regardent du côté de France, sont composées de couches dont les plans regardent la France, et dont la direction s'étend généralement de l'Est à l'Ouest, dans le sens de toute la chaîne. La partie qui regarde l'Espagne, est composée de couches qui regardent aussi l'Espagne. Leur direction est comme en France. Cette règle est générale. Elle souffre cependant quelques exceptions du côté de France. La partie la plus élevée, et qui forme le point de démarcation, est composée de couches bouleversées ; mais plusieurs approchent de la situation horizontale.

Si l'on voulait donner un systême brillant de la formation des montagnes, et surtout des Pyrénées, on pourrait supposer, avec vraisemblance, que les lits des matières qui les composent, ont été formés horizontalement, dans le sein d'une mer qui occupait autrefois le lieu des Pyrénées; qu'une comète ou un astre quelconque, dont la direction était d'Occident en Orient, s'est trop approché de la surface de cette mer, que, par son attraction, il a soulevé non-seulement les eaux, mais même le fond de cette mer, et que les couches du fond, ainsi dérangées de leur position horizontale, ont pris nécessairement les deux inclinaisons qu'on leur voit aujourd'hui, et qui ressemblent assez aux deux pans d'un toit.

On expliquerait par la même cause, la formation des autres montagnes, qui font chaîne avec les Pyrénées, et qui s'étendent en Suisse, et jusques dans la Grèce, toujours d'Orient en Occident.

Ce système serait trop brillant pour être probable.

Il est tems de pénétrer dans la chaîne des Pyrénées, et d'y observer la nature. Pour abréger la matière, nous n'examinerons que deux vallées en détail. Et pour procéder avec ordre, nous suivrons la marche que nous avons suivie sur les lieux, et nous aurons soin d'exposer nos idées, dans le même ordre qu'elles nous sont venues, en parcourant ces montagnes. Nous choisissons, de préférence, la vallée d'Aspe et celle d'Ossau en Béarn, parce que c'est en les parcourant, que nos idées, qui n'étaient que confuses, d'après ce que nous avions vu dans les montagnes de Labour, de Navarre et de Soule, se sont développées dans la première, et confirmées dans la seconde. Ainsi, nous donnerons une espèce de journal qui sera autant celui de nos idées que de notre marche. Pour mettre tout le monde à portée de vérifier ce que nous allons avancer, nous aurons soin d'indiquer, autant que possible, les lieux où nous aurons observé les faits.

*Géographie physique des Pyrénées.*

Un spectateur qui, des sommités les plus élevées de la haute chaîne des Pyrénées, jette ses regards autour de lui, découvre un spectacle dont le peintre le plus excercé et le plus hardi, n'oserait jamais tenter d'esquisser le plus léger tableau. Placé au centre d'un horizon, dont la surface, visible par un tems serein, occupe 8 à 10 mille lieues carrées de pays, les cités les plus considérables ne sont que des points imperceptibles sous sa vue plongeante, qui les distingue à peine à travers la multitude d'objets différens, avec lesquels ils se trouvent confondus.

Ne nous arrêtons pas à ce tableau. On ne peut sentir les grands effets que sur les lieux. Observons seulement que rien n'est aussi capable d'élever l'ame que la fréquentation de ces horribles beautés. C'est au sommet des Pyrénées qu'on voit, avec admiration, combien la nature est grande et combien l'homme est petit.

Pour arriver dans l'endroit spécialement appelé la vallée d'Aspe, il faut pénétrer par la gorge étroite d'Aspe, attendu que la vallée se trouve plus avant, dans l'intérieur des montagnes.

En entrant dans cette gorge, on traverse, entre Turbe et Asaspe, le premier cordon des Pyrénées. Il est difficile de distinguer les couches de formation du 1.$^{er}$ cordon; le bouleversement y est trop général. On trouve ensuite une large fente ou déchirure, qui sépare le premier cordon dont nous venons de parler, d'avec un cordon plus élevé; elle s'étend d'Orient en Occident, et se propage des deux côtés de la gorge d'Aspe : vers l'Occident, elle sert de dégorgement aux eaux du ruisseau de Lourdios : vers l'Orient, à celles du ruisseau de Marie-Blanque. Pour peu qu'on remonte, cette déchirure du côté de l'Orient vers Marie-Blanque, à demi lieue seulement de la vallée d'Aspe, on voit clairement qu'elle a été occasionnée par l'irruption du premier cordon des Pyrénées, qui s'est détaché du second avec fracture énorme. On trouve dans cette fracture, à l'endroit où elle est le mieux caractérisée, un marbre noir, veiné de blanc avec empreintes de coquillages.

Au-dessus du village d'Escot, en remontant la gorge d'Aspe, on pénètre dans le second cordon des Pyrénées, par une tranchée assez étroite, entr'ouverte et frayée par le cours du torrent qui descend de la vallée d'Aspe. C'est là (à la Pene d'Escot) qu'on prétend trouver une inscription de Jules César; on y voit aussi des empreintes de coquillage dans la roche vive. Plus haut, on entre dans ce que nous appelons la masse générale des Pyrénées. On y marche souvent fort à l'étroit, entre la montagne et le torrent. La nature n'a pas laissé dans cet endroit, assez d'espace pour le passage des hommes : il a fallu que l'art y suppléât, en ouvrant d'abord des sentiers, puis de grandes routes. On remarque, à mesure qu'on avance, de droite et de gauche de la gorge, différentes cavernes qui servent, lors des pluies abondantes et de la fonte des neiges, à l'écoulement des eaux des montagnes collatérales. Après trois lieues de marche, fort à l'étroit, dans la gorge d'Aspe, les montagnes s'écartent, la gorge s'élargit, le Ciel se déploie, et l'on respire. On se trouve alors dans le lieu spécialement appelé vallée d'Aspe ; c'est un joli bassin, sa figure est à peu près circulaire ; il a environ deux lieues de circonférence, et est entouré de puissantes murailles gigantesquement élevées. C'est un lieu que les curieux doivent visiter. Les points de vue, quoique bornés, y sont beaux; la nature n'a rien épargné pour les varier à l'infini; les villages sont rangés au pied des montagnes, à l'entour de la circonférence du bassin, apparemment pour laisser sa surface plus libre à l'agriculture; le terrain y est précieux; c'est le seul qui soit susceptible d'être cultivé. La surface du bassin est unie et diamétralement traversée du Sud au Nord par le lit du torrent qui y reçoit plusieurs affluens de l'Orient et de l'Occident. (1)

Le fond du bassin est horizontal, et les bords s'élèvent à la circonférence suivant un plan plus ou moins incliné; ce qui lui donne la figure

---

(1) On apprend qu'un laboureur vient de trouver, dans le bassin d'Aspe, à environ deux pieds au-dessous de la surface du sol, celle d'un autel toute entière. Elle est d'un marbre blanc taché d'une couleur jaunâtre. C'est, dit-on, l'autel d'un ancien couvent détruit par la reine Jeanne.

d'un cône tronqué appuyé sur la plus petite base. Tout semble annoncer que ce bassin, dans son origine, avait la forme entière d'un entonnoir ou d'un vaste pertuis, dont la pointe inférieure a été comblée par les dépôts du torrent qui le traverse, et des différens ruisseaux qui y affluent.

En réfléchissant sur la configuration et l'état actuel de ce bassin, je sentis naître en moi l'idée d'un affaissement assez vaste. En effet, la partie du midi de ce bassin est composée de hautes montagnes à pic, qui semblent n'avoir éprouvé aucune révolution; leurs couches sont horizontales ou ondulées : ce qui ferait présumer qu'elles sont restées dans leur assiette ordinaire et naturelle, tandis que le reste s'est précipité dans les abîmes. Cette idée me vint confusément en me promenant seul dans cette vallée, le 25 juillet 1771. J'en conférai avec un de mes amis, chez qui j'étais logé à Ataas, il se moqua de moi : j'en parlai à quelques autres, ils en firent autant. Depuis cette époque, je me gardai bien d'en parler à personne; mais je n'y pensai pas moins. J'observai que la montagne d'Aigarri, au Sud de la vallée, est celle qui s'est le mieux conservée au milieu de ce désordre général, dans le cas où il y en ait eu. J'ai gravi sur sa cime, le surlendemain 27 juillet; j'ai trouvé qu'elle était creuse intérieurement, et pour ainsi dire, cariée. On voit à sa sommité, une large fosse en forme d'entonnoir, qui descend dans l'intérieur de la montagne. C'est apparemment cette ouverture qu'on voit ressortir, par la bouche d'une caverne située au tiers de la hauteur de cette même montagne, au-dessus des villages d'Ataas et Lées. Si du haut d'Aigarri on plonge un coup-d'œil à vue d'oiseau au pied de cette montagne vers

Ataas, on aperçoit, dans le fond de la vallée, un large empatement semblable à un amas considérable de mortier qui aurait flué dans un état de mollesse de l'embouchure de cette caverne. Il y tient encore, attaché par une espèce de collet qui s'allonge en remontaut jusqu'au tiers de la montagne. Le village d'Ataas se trouve bâti sur l'extrémité arrondie de ce large empatement. Pour voir cet empatement d'une manière assez distincte, sans se donner la peine de monter sur Aigarri, d'où il m'a frappé pour la 1.<sup>re</sup> fois, il suffit de gravir sur un des monticules situés au Nord d'Accous. Si l'on se transporte à Ataas, on verra que la matière qui constitue cette espèce de vaste pâté, est composée de pierrailles calcaires romboïdalles, angulaires et non roulées, entremêlées d'une certaine quantité de terre graveleuse. Ce qui, joint à l'espèce d'entonnoir immense du sommet d'Aigarri et à la caverne qui pénètre dans les entrailles de cette montagne, fait présumer qu'elle est rentrée dans elle-même par son sommet, et qu'elle en est sortie par son pied.

Quoique nous ayons dit qu'il n'y a pas dans les Pyrénées de cavernes considérables sans courant d'eau, on n'en trouve cependant pas dans celle d'Aigarri. La raison en est simple. Le courant d'eau qui a entr'ouvert cette caverne, a pris un cours inférieur et va ressortir au pied même de la montagne dans la paroisse de Lées, où il fait tourner un moulin. Si cette fontaine de Lées venait aujourd'hui à tarir, et qu'elle prît un autre cours, son canal actuel formerait une nouvelle caverne. Des personnes m'ont assuré avoir entendu un bruit considérable en descendant dans des puits, qui sont au fond de la caverne d'Aigarri. Je n'y suis pas descendu; mais il est à présumer que ce bruit n'est autre chose que le murmure des eaux de Lées, qui proviennent de cette montagne. Tel est le bruit qu'on entend dans la caverne d'Itturits en Navarre, que j'ai reconnu et publié, en 1779 n'être que le ruisseau d'Arberoue, qui passe plus bas sous la montagne, et qui autrefois passait dans cette caverne supérieure. Alors tout le merveilleux a disparu.

Avant de quitter le sommet d'Aigarri, j'ai jeté un coup d'œil au Nord sur le bassin d'Aspe, afin de vérifier la première idée qui m'était venue, que ce vallon n'était que l'effet d'un affaissement. L'ensemble n'a fait que confirmer d'avantage mon opinion. Mais, je l'avoue, mes idées n'étaient encore que confuses. Je dirigeai ensuite ma marche au Sud sur la cime de la montagne d'Aigarri qui a une certaine étendue. Je voulais aller à Lescun. Mes guides, qui ne connaissaient pas mieux le local que moi, me laissèrent aller, et me suivirent avec assez peu de confiance. Quelle fut ma surprise de me trouver un pied en l'air sur un précipice aplomb de plus de trois mille pieds de profondeur! Cet affreux spectacle ne fit dans le moment aucune impression sur mon esprit. Je m'arrêtai et contemplai le bassin de Lescun qui était nouveau pour moi, et qui me parut être un nouvel affaissement encore plus considérable que celui d'Aspe que je venais de quitter. Je reculai et fus surpris, dans la réflexion, du sang-froid avec lequel j'étais resté debout aux bords de cet abîme d'horreurs. Il faut l'avouer, je le payai par la suite : je fus plus de huit jours sans pouvoir dormir, malgré la fatigue de mes courses. Dès que je fermais l'œil, je sentais, tout d'un coup, mon corps s'abîmer dans un précipice affreux. Je me réveillais en sursaut, et dès que je commençais à me rendormir, la même chose m'arrivait encore. Je passai plusieurs nuits dans cette cruelle alternative.

Après avoir contemplé le bassin de Lescun, je dirigeai ma marche vers le couchant sur le même plateau d'Aigarri. Mes guides me prévinrent que le chemin n'était pas plus praticable que le précédent. En effet, je trouvai un second précipice au-dessus du Pas d'Azun. Je fus donc obligé de descendre d'Aigarri par le même endroit que j'y étais monté; et je filai par le haut de la forêt d'Isseaux et le bas du col d'Azun. J'allai passer la nuit dans une cabane de pasteur, au pied de la montagne d'Anie, pour être plus à portée de gravir sur son sommet, le lendemain de grand matin.

Le jour suivant, 28 juillet, je partis à 3 heures du matin du pied d'Anie. Après beaucoup de fatigues, et après avoir passé sur plusieurs ponts de neige, j'atteignis son sommet vers les 9 heures.

Mon premier soin fut de regarder de toutes parts à l'entour de moi. Je me trouvai perché sur une masse énorme restée en équilibre entre trois grands affaissemens, Lescun, Anso et S.ᵗ-Font. Je me rappelai la configuration d'Aigarri que j'avais visité la veille. D'ailleurs, je voyais encore cette montagne en face. En revenant sur mes idées, je vis également qu'Aigarri était une masse plus grosse qu'Anie, mais moins élevée, qui était restée en équilibre entre les affaissemens formant le vallon d'Aspe et celui de Lescun. Je trouvai que, sans le petit affaissement du Pas d'Azun, Anie et Aigarri ne feraient qu'une seule et même montagne.

Je jettai ensuite la vue sur ces vastes pays de France et d'Espagne qui rampaient sous mes pieds. A leur aspect, mes idées s'élevèrent d'elles-mêmes, et je m'écriai : Là bas, je croyais que la nature avait élevé les hautes montagnes au-dessus de ma tête ; ici, je vois qu'elle a précipité ces vastes plaines au-dessous de moi. Oui, ce Béarn, cette Chalosse, ces vastes Landes, ce Bordelais, et peut-être cette France entière, ne sont qu'un grand affaissement, dont les termes sont à mes pieds. Cette idée, qui m'avait si fort frappé, s'est vérifiée de plus en plus à mes yeux depuis cette époque.

Je me rappelai alors, avec quelque plaisir, une conversation simple et ingénue que j'avais eue quelques jours auparavant avec un bon pasteur blanchi sous la houlette, et habitant perpétuel des montagnes de Soule. Il me disait dans son patois francisé : Monsieur, vous qui courez nos montagnes, vous qui venez de Paris et qui devez savoir beaucoup de choses, pourriez-vous me dire comment ce vaste pays, que nous voyons sous nos pieds, a pu s'affaisser si fort au-dessous de nos montagnes? Ce sont vos montagnes, lui dis-je, mon cher papa, qui se sont élevées au-dessus de ces plaines. Oh! oh! reprit-il, d'un ton moqueur, nos montagnes ne s'élèvent pas ainsi; elles s'abaissent tous les jours; voyez-vous celle-ci? (en me montrant Arlas) je l'ai vue descendre de plus de cent pieds, par un seul éboulement.

Alors, la réflexion me vint que notre premier jugement, toujours trop précipité, est local et trop assujéti au cercle étroit qui nous environne. Dans la plaine, on croit que les montagnes ont été soulevées: sur les montagnes, on croit que les plaines ont été affaissées. Pour juger sainement, il faudrait voir tout, et n'être nulle part.

Je descendis enfin; et résumant

toutes les différentes configurations, les désordres et les altérations que j'avais observés, et même dessinés précédemment au pied des montagnes que j'avais parcourues, il me fut aisé de reconnaître qu'elles étaient toutes assujéties aux mêmes lois, et que leur grande élévation est due à l'affaissement des terrains adjacens, plutôt qu'à l'exhaussement de leur propre sol. Les courses que j'ai faites postérieurement dans le même cordon, m'ont constamment offert le même spectacle. Ainsi, je n'hésite plus à admettre cette loi comme générale dans toute la chaîne des Pyrénées.

En quittant la montagne d'Anie, je tournai mes pas vers le Pic-du-Midi d'Ossau ; les vents trop violens m'empêchèrent de gravir son sommet; mais je parvins assez haut, en le contournant, pour découvrir que cette montagne, dont l'implantation si droite et si à pic, étonne les naturalistes, n'est, comme la plupart des autres, qu'une masse en équilibre entre trois éboulemens principaux; l'un au Sud à Ancon, l'autre au Nord entre Gabas et la Tume, et le 3.e au Nord-Ouest, entre Gabas et Bius. Les eaux de Broussette et de Susoën ont déjà charrié et déblayé une partie des débris, et ceux d'Ancon sont encore sur les lieux ; les eaux ayant moins de force à leur source, qui se trouve là, les déblayaient plus lentement.

Après mes observations, je descendis par Guillers, à l'extrémité de la forêt d'Isseaux, où, dit-on, les Français ont enterré une armée Espagnole. On y voit quantité de croix ; autant, dit-on encore, qu'il y eut de corps morts; et je revins à Aspe par la montagne d'Aigarri : car alors je ne connaissais pas d'autres moyens de communication avec cette vallée, circonscrite d'un mur qu'on prendrait pour les colonnes d'Hercule. On y trouve cependant un défilé tortueux qui pénètre dans le rocher vif, en longeant la rive droite du Gave par-dessous des semi-voûtes que la nature a commencées, et que l'art a finies pour ouvrir le passage. On se trouve alors dans un banc de calcaire qui se prolonge à de très-grandes distances, de l'Est à l'Ouest. Cette gorge est si resserrée dans cette partie, qu'il ne faudrait qu'une pierre un peu volumineuse pour lui servir de clef, et pour en former une caverne, comme il est à présumer qu'elle y a été. A mesure qu'on s'enfonce dans ce banc calcaire, la gorge s'élargit, et bientôt on entre dans un banc schisteux où elle est plus large encore. On traverse ensuite des bancs alternativement calcaires et schisteux, comme dans la gorge précédente, mais on remarque moins de cavernes latérales, parce qu'il y a eu des éboulemens considérables dans cette partie, qui ont fait crouler les voûtes des cavernes, et qui ont forcé les eaux à prendre le dessus des décombres, ou bien à les charrier pour ouvrir les gorges nouvelles. Lorsqu'on arrive aux approches du confluent des eaux de Lescun avec le Gave, on aperçoit, sur la droite, une partie très-médiocre de l'éboulement de Lescun, qui a délaissé la montagne d'Anie, semblable à l'éboulement d'un édifice, qui laisse sur pied quelques parties de murailles formant ce qu'on appelle des masures.

A mesure qu'on remonte cette gorge, on ne voit plus de cavernes souterraines; mais il y a des lacs supérieurs qui roulent sur les décombres de leurs voûtes ; d'autres qui ont été forcés de reculer et de retomber ensuite, par cascades perpendiculaires, de desssus des roches immenses; d'autres qui s'infiltrent insensiblement par les pertuis, et qui vont pivoter à des distances considérables, par-dessous les chaînes entières de montagnes. Encore un coup, c'est en parcourant les sommités, et non les gorges, qu'on voit, avec admiration, l'ensemble de ce merveilleux mécanisme, et la marche de la nature simple et sublime.

Je ne finirais pas, si j'entrais dans les détails circonstanciés de tous les accidens de cette nature qu'on voit dans les montagnes. Il suffit de dire qu'on reconnaît les éboulemens, 1.°, au désordre frappant qui règne à la surface abaissée ; 2.°, au défaut de couches dans les marbres et les schistes ; 3.°, aux lacs et aux cours irréguliers forcés et quelquefois rétrogrades des eaux ; 4.° enfin, à ces murs immenses et à pic, qui circonscrivent les éboulemens, en forme de tuyaux d'orgue, qui indiquent le brisement des parties détachées. Les plus beaux s'aperçoivent de dessus les montagnes, au Sud de Lescun, en regardant, du côté du Nord, le pied d'Aigarri, d'Anie, de Pétrejain, le Pas d'Azun, etc.

J'arrivai le soir à S.te-Engrace, où je fus retenu par les brouillards, et d'où je partis le 2 août. Je traversai la forêt, et me trouvai près de la pierre appellée S.t-Martin, au pied de la montagne d'Anie, sur la ligne de démarcation de France et d'Espagne, et sur le sentier qui conduit d'Arette (France) à Icave (Espagne). C'est à cette pierre que se fait la rente annuelle de trois génisses, par la vallée de Baretons à celle de Roncal. Je n'ai rien pu découvrir de certain sur l'origine de cette redevance; elle se fait dans toutes les formes par actes publics, passés sur les lieux, au bruit des mousquets qu'on tire de part et d'autre, au moment de la délivrance (1). Pendant la passation des actes, les

―――――――――

(1) Cette délivrance se fait le 13 juillet.

mousquets sont croisés sur la pierre, la culasse du côté de la nation à laquelle ils appartiennent.

La tradition fait remonter l'origine de cette redevance au massacre fait par les Français sur les Espagnols enterrés, dit-on, à Guillers et Pé de la Legue. Je croirais plutôt que c'est pour la jouissance de quelques montagnes cédées aux Français par les Espagnols. Ayant été surpris par les brouillards, je fus coucher dans une cabane de pasteur au col de la Peyre ou de la Pierre. Le lendemain, je continuai la frontière par le port de S.<sup>te</sup>-Engrace et celui de Balay. Je descendis par Pista ou Lapiste. C'est une petite plaine, de l'extrémité de laquelle sort, en bouillonnant, un ruisseau assez considérable qui jaillit, en offrant la plus belle des cascades, au fond d'un précipice affreux nommé Olhado. De là, il s'enfonce entre des rochers escarpés, et va joindre quantité d'autres ruisseaux, qui, tous ensemble, forment la rivière de Saison, ou Gave de Soule, qui joint celui de Navarrenx à demi lieue au-dessous de Sauveterre.

Je passai le reste du mois d'août à parcourir plusieurs paroisses de Béarn, entre Navarrenx, Monein, Oloron, etc. Dans ces entrefaites, j'eus occasion de passer à Esquiule, où je visitai un trou excavé dans un banc de rocher, d'environ un quart de lieue de long en ligne droite, sur une toise ou deux de largeur. Ce trou est l'ouvrage de quelques paysans superstitieux, avares, et par conséquent dupes, qui prétendaient que les Maures, forcés d'abandonner le pays, y avaient enfoui leurs trésors et leurs Dieux. Après avoir fait travailler long-tems et inutilement, toujours incognito, à la recherche du prétendu trésor, ces paysans firent confidence de leur secret à un juif rusé, moins superstitieux, aussi avare, mais moins dupe qu'eux. Il se transporta exprès du S.ᵗ-Esprit de Bayonne à Esquiule; il examina les lieux. Pour travailler sûrement, il lui manquait Agrippa le noir, qui se vendait fort cher. On se cotise, on remet un fonds assez considérable pour en faire l'emplette. Le juif s'absente avec l'argent, en laissant de grandes espérances. Quelque tems après il revient, disant que la somme n'était pas suffisante; on se cotise encore pour la completter. Il repart; de retour, il se dit possesseur du soi-disant Agrippa, qui lui annonce qu'on trouvera le trésor après avoir déterré un cadavre gigantesque dans la partie la plus noire du trou. On travaille avec ardeur, mais en secret; car si le secret s'évente, la mine d'or doit s'éventer aussi. Un beau matin, on trouve en effet, dans l'excavation de la veille, trois ou quatre os extraordinaires. Courage ! le trésor n'est pas loin. Il ne manque plus, pour la dernière main, qu'une pierre précieuse pour l'attirer, comme le fer attire l'aimant. On se transporte chez les intéressés avec les os du géant, annoncés par l'admirable Agrippa. On forme une société plus nombreuse; on n'oublie pas de lui faire voir le grand miracle de la pierre aimantée qui attire le fer. Il faut faire l'emplette d'une autre pierre philosophale qui attire l'or. Elle est beaucoup plus chère qu'Agrippa. On fait de plus grands efforts; on vend prés, champs, vignes, bœufs, etc. On envoie le juif faire l'acquisition de cette merveilleuse pierre. Il part chargé d'or et d'argent : on attend encore son heureux retour.

Après quelques incursions faites dans les forêts d'Isseaux, du Pact, etc., où l'on travaille aux exploitations, je fus visiter le fort de Portalet, placé entre deux rochers escarpés et serrés, au bas desquels coule le Gave. C'est une position unique pour interrompre le passage de France en Espagne. La reine Jeanne, dit la tradition, fut obligée de rétrograder après avoir perdu grand nombre de ses officiers et soldats, qui voulurent tenter le passage. On voit encore, au sommet de la montagne, qui commande ce fort et qui est appelée la Pène-de-Portalet, un dépôt de pierres, apparemment pour assommer les passans. La grande route d'Espagne se trouve aujourd'hui sous les voûtes de ce fort : il est impossible qu'elle passe ailleurs.

Au sortir de ce fort, sur le chemin d'Elsaut, à cinq ou six cents toises d'Aygun, et à onze cents d'Elsaut, je trouvai un roc de marbre magnifique, qui s'était détaché d'un rocher escarpé sur la rive droite du Gave. C'est un marbre tacheté de blanc, de vert, de rose, et couleur de chair;

dans des parties, c'est le blanc qui domine ; dans d'autres, c'est le vert (1). Un connaisseur curieux ne négligerait pas l'exploitation d'une carrière à laquelle mon état ne me permet pas de donner mes soins. Cette exploitation serait facile au moyen de radeaux de bois sec restant de la mâture. On pourrrait exploiter, de la même manière, l'ardoise des carrières d'Aidius. Quoique la qualité de cette ardoise ne soit pas des plus fines, elle est cependant préférable à la tuile. En approfondissant la carrière, peut-être deviendrait-elle plus fine, à mesure qu'on approcherait du Noyau.

Il y a beaucoup d'autres établissemens à faire dans les Pyrénées. Le buis s'y perd ; les paysans ne con-

---

(1) Ce marbre paraît être celui connu sous le nom de *Marbre de Signan*, qu'on exploite dans les Pyrénées.

naissant pas la rareté de ce bois, en font du feu et des haies de fermeture. On devrait s'attacher à sa culture et à sa propagation, ainsi qu'à celle des sapins. Il arrive quelquefois que les pasteurs, pour augmenter le pacage de leurs bestiaux, mettent le feu à des forêts de ce bois précieux. Le ministère devrait ouvrir les yeux sur un article aussi intéressant, et y faire des plantations.

Les endroits les plus propres dans les Pyrénées, pour la culture des sapins, sont tous les coteaux et montagnes exposés au Nord. Les forêts d'Isseaux, de S.<sup>te</sup>-Engrace, de Gabas, de Peyréner, etc., se trouvent dans cette exposition. On remarque aussi que la plus belle mâture se trouve à mi-côte. Le tiers supérieur, vers le sommet des montagnes, est ordinairement du roc pur, sans aucune partie terrestre. Toute la terre est entraînée vers le bas, par la chute rapide des eaux. On y voit cependant quelques pins rabougris, faute de substance végétale. Le tiers du milieu n'est que rocaille, mais plus mousseuse et plus mélangée de parties terrestres que le sommet. Il existe aux crêtes des montagnes, des vides ou crevasses considérables et sans fond, entre les couches des rochers; au tiers de la montagne, ces ouvertures sont comblées de dépôts charriés par les eaux. C'est dans ces crevases que les sapins plongent les pivots des racines, qui fournissent le suc nécessaire à leur subsistance.

Le pin se plaît dans la roche, pourvu qu'elle soit comme entrelardée de parties terrestres. Le tiers inférieur des versans est ordinairement garni de hêtres. Le sol, quoique roc, est recouvert à une certaine hauteur, de parties grasses, formées de feuilles pourries et autres immondices déposées par les eaux. Dans la partie la plus basse, où se réunissent les eaux des deux versans, se trouve souvent une petite plaine étroite, couverte de gazon, si l'eau n'a pas beaucoup de chute; ou une excavation resserrée en précipice, si l'eau a de la chute; mais peu garnie de bois dans les deux cas.

Le buis se plaît moins dans la terre franche que dans les terrains maigres, qui semblent plutôt des éboulemens des grandes montagnes pulvérisées et terrifiées.

Il est tems de parcourir la vallée d'Ossau.

Les habitans de la vallée d'Ossau prétendent que l'étymologie de ce nom, en langage du pays, Aussau, provient du mot béarnais ousse, qui signifie ourse; parce que, disent-ils, cette vallée, aujourd'hui si riante et si bien cultivée, n'était, dans l'origine, qu'une sombre et vaste forêt habitée par des bêtes féroces, et particulièrement par des ourses. (1).

Quoique les communes de Sévignac, d'Arudy, de Bescat, de Meyrac, de Buzi et de Buziet, fassent partie de la vallée d'Ossau, néanmoins la vallée proprement dite, commence à Louvie, et se termine à Laruns. Son étendue est d'environ trois lieues. Elle est précédée par la belle plaine d'Arudy, que le Gave d'Oloron traverse dans plusieurs sens. Du haut de la côte de Sévignac, la vallée et la plaine offrent un spectacle digne de fixer l'attention des voyageurs curieux. Rien de plus pittoresque que le point de vue qu'on découvre. De superbes montagnes, dont la crête est presque toujours blanchie par la neige, bornent

---

(1) D'autres, avec plus de raison, ce me semble, disent que le nom de cette vallée provient de celui d'un pasteur nommé Aussau, qui paraît l'avoir habitée le premier, et dont les descendans existent encore.

l'horizon au Sud. Le Pic-du-Midi s'y élève avec majesté ; sa forme est celle de la flamme. A mesure qu'on pénètre dans la vallée, il se cache derrière la gorge des Eaux-Chaudes, sur la route d'Espagne. Du côté de la plaine, de plus petites montagnes composent un rideau charmant, qui quelquefois devient lugubre par la teinte brûlée des rocs, et le noir triste des forêts de sapins, qui couvrent leurs surfaces ondoyantes. Sur le versant de quelques-unes, on aperçoit des maisons, des champs et des prés. Quelques autres sont si arides, qu'on dirait qu'elles ont été ravagées par le feu. Le Gave, roulant ses flots argentés à travers d'abondantes moissons, contribue à embellir ce pays, où la nature est noble et imposante.

Le premier village qu'on rencontre, dépendant de la vallée d'Ossau, est Sévignac, bâti sur l'affaissement d'une caverne, qui servait de passage aux eaux d'Ossau, pour aller confluer avec le Néez à Rebenacq. Elles ont ensuite pris leur cours par Buzi, et enfin, par où elles sont aujourd'hui.

Sur la rive gauche, on trouve Arudy, bâti sur les dépôts du Gave lors de ces obstructions, et dont il a déblayé une partie depuis son irruption au pont Germé.

Plus loin, les villages de Louvie, d'Iseste et de Castets, bâtis sur le dépôt, qui a comblé les cavités et le pied des éboulemens des montagnes du Rey et de Bages, qui se tenaient par le sommet.

Bielle, bâti sur les dépôts d'un ruisseau.

Bilhères, bâti en amphitéâtre sur la pente de l'affaissement de la montagne du Bénon, sur le sommet de laquelle sont de vastes prairies dépendantes de Bilhères. Ce superbe plateau s'étend depuis ce village jusqu'à celui d'Escot, vallée d'Aspe.

Béon, bâti partie dans la plaine, partie sur les éboulemens.

Aste, sur un amas de pierres charriées.

Gère et partie de Bélesten, bâtis sur les matières provenant de la gorge qui s'ouvre à l'Est.

S.te-Colome, restant sur pied, comme partie d'un mur, dans l'éboulement d'un grand édifice.

Béost et Listo, bâtis sur les débris d'une caverne.

Quelques habitans de cette vallée assurent que la rivière, appellée Gave d'Ossau, est très-ressente. Une tradition fort accréditée fait mention que ce torrent rapide s'engloutissait sous les montagnes de la caverne de Hourat, et qu'il allait dégorger trois lieues plus bas, par les embouchures des cavernes qu'on voit encore dans la paroisse d'Iseste. D'autres prétendent qu'il allait ressortir à Buzi, environ à quatre lieues au-dessous de

Hourat, où il s'engorgeait sous les montagnes. Il se peut qu'il soit ressorti par chacun de ces deux endroits. On voit, aux approches des premières maisons de Buzi, vers la vallée d'Ossau, une espèce de cloaque, au pied d'un coteau, au col qui sépare ce village de celui d'Arudy. Les eaux pivotent dans la fange dont il est comblé. Les vestiges de ce torrent paraissent dans toute la plaine inférieure, jusqu'à la ville d'Oloron. J'y ai reconnu les traces de son dernier lit. Elles passent par les villages de Buziet, Ogeu, Herrère, Escou, Escout, Percilhon, Goès, Estos et Leduix, où ce torrent devait se réunir au Gave d'Aspe. D'ailleurs, la configuration de l'ensemble de cette plaine annonce manifestement qu'elle a été sillonnée par un torrent semblable à ceux qui coulent dans les autres plaines au pied des Pyrénées. On peut alléguer, pour preuve, que les cailloux roulés, qui constituent le sol de cette plaine, sont exactement les mêmes que ceux qui existent dans la vallée et le Gave d'Ossau. Ce sont des matières qu'il est facile de distinguer de celles que roulent les rivières des autres vallées, puisque dans celle d'Aspe, par exemple, voisine de celle-ci, on trouve les mêmes pierres calcaires, schisteuses et argileuses qu'en Ossau : mais on y trouve des galets, et on n'y trouve pas des granits, tandis qu'en Ossau, on trouve des granits, et on n'y trouve pas des galets. Les pierres calcaires et les marbres servent encore à les distinguer.

Quoi qu'il en soit de cette tradition, il est évident, par l'inspection des lieux, que le Gave d'Ossau a éprouvé de grands obstacles, avant de sortir de la vallée et des montagnes d'où il provient. Il a beaucoup erré au pied des Pyrénées avant d'arriver à l'Océan. Non-seulement il a passé par-dessous des chaînes de montagnes considérables, mais encore il les a surmontées, avant d'aller se réunir, tantôt au Gave de Pau, tantôt à celui d'Oloron, pour confluer avec eux jusqu'à la mer. Il ne tient à rien qu'il ne submerge la vallée, et n'en forme un vaste lac. Il ne faut, pour cela, que la chute d'un des deux rochers qu'il corrode et sape continuellement au pied, au-dessus du pont Germé. Il paraît que de semblables événemens sont déjà arrivés; car les hommes ont travaillé à rouvrir son lit dans cette partie. Les vestiges de coups de fleurets, qu'on y remarque, en font foi : à moins qu'on ne l'ait ouverte pour flotter des bois ; mais cela n'est pas probable. Le torrent est trop furieux, et ses cascades sont trop fréquentes, pour qu'on l'ait jamais osé. Il est à présumer, au contraire, que les rochers, qui ne tiennent à rien, se seront rapprochés, et auront submergé une partie de la plaine d'Arudy, et que l'obstacle n'aura pas été assez considérable, pour qu'on n'ait pu entreprendre de le détruire.

Un autre événement, fort ordinaire, peut encore contribuer à la submersion de la vallée : c'est l'abatis de quelque forêt emportée par le torrent, lors des grandes pluies et de la fonte des neiges. Une cinquantaine d'arbres, qui afflueraient en même-tems au pont Germé, avec leurs branches et leurs racines, seraient capables d'obstruer le lit étroit du torrent. Cet événement devient aujourd'hui moins à redouter, à mesure que les forêts se détruisent. Il doit avoir été très-fréquent, avant que cette vallée fût habitée, et quand tout était forêt. D'après cela, il devient moins surprenant que ce torrent, après avoir passé par-dessous des chaînes de montagnes, les ait surmontées; puisque le moindre engorgement, occasionné par un très-petit nombre d'arbres, de branches et de pierres roulées, la chute d'un rocher à l'embouchure d'une caverne, le moindre accident survenu dans l'intérieur de la montagne cavernée, comme éboulement, affaissement, etc., auront été capables de tout obstruer, d'élever les eaux, lors de la fonte des neiges, à la hauteur de ces chaînes de montagnes, qui cernent, de toutes parts, le débouché de cette vallée, et d'en former un immense bassin d'eau sfagnante.

En descendant de Buzi, vers Arudy, on voit les vestiges de l'ancienne caverne, qui servait de lit au Gave d'Ossau. Les prairies sont criblées de trous en forme d'entonnoirs. Une longue fente, ou ancien lit, règne à côté du chemin; elle a environ 60 toises de longueur. Elle finit et est remplacée par de grands trous, après lesquels elle se renouvelle et semble passer par-dessous le chemin.

Le Gave d'Ossau s'est échappé des Hautes-Pyrénées par l'Orient de Louvie, par Lestarech, Hourat, Capbis, etc. Il s'écoulait par le lit actuel du Gave de Pau, qui alors, partant de Lourde, allait à Tarbes. Cette gorge de Lestarech annonce, à n'en pas douter, cet ancien lit. Elle est beaucoup plus large qu'il ne faut pour égouter ses propres eaux; ce qui ne se rencontre pas dans les autres gorges qui sont ordinairement proportionnées à la quantité d'eau qui tombe dans leur bassin. Cette gorge a été plus grande qu'elle n'est : elle est arrondie en semi-cylindre creux et renversé par la dégradation insensible des montagnes collatérales. Ces montagnes étaient taillées à Pic, lors du passage du Gave dans cette vallée : cela paraît par la coupe des rochers Pene-Peraube et autres; cela est encore visible par la coupe des couches de marne tendre, de nouvelle formation, que les eaux pluviales ont arrangées. C'est ce qui a trompé les naturalistes qui ont dit que les couches suivent la pente des colines ; ce qui est vrai pour les couches de formation postérieure ; mais cela ne prouve rien pour l'ensemble des couches de formation antérieure, qui sont au centre des colines, et souvent recouvertes par les couches postérieures. Si on examine la vallée de Lestarech, on y reconnaîtra les couches générales des Pyrénées, et les couches particulières, locales et subséquentes.

La déclinaison de ces couches varie à l'infini, suivant la direction et les courbures que les terres ont prises naturellement, par les directions des ruisseaux qui découlent des parties hautes ; et cette inclinaison ne suit d'autre règle que la flexibilité des ruisseaux.

Le Gave d'Ossau occupait donc

primitivement le lit qui file le long des montagnes à l'Est. Il est facile de s'en apercevoir au-dessus de Louvie, vers l'Orient, par la partie de roc qu'il paraît avoir labouré par des lits étroits, ou des cavernes qui se sont successivement comblées, et qui ont chassé le torrent, toujours en avant du côté du Nord, vers S.<sup>te</sup>-Colome. Ce torrent se dégorgeait alors dans le lit actuel du Gave de Pau, aux environs de Nay et de Pardies.

A force d'ouvrir des lits vers le Nord, il a labouré un demi cercle vers Meyrac, puis vers Sévignac, et alors, il allait joindre le Gave de Pau à Pau même, par la plaine de Rebenacq et de Gan. Il reste encore à Rebenacq, un ancien vestige de ce torrent. Il se précipite à Iseste, et, passant sous Sévignac, il va ressortir, en pivotant avec force, au-dessus du bourg de Rebenacq, et y former le ruisseau appelé le Néez.

Quand on est dans la plaine d'Arudy, si l'on jette un coup d'œil sur Sévignac, on voit que l'ancien lit s'est formé par le resserrement des rochers minés eu pied, ou par la chute d'une caverne. Les granits roulés et non en couches qu'on trouve à S.te-Colome, Rebenacq, etc., sont une preuve de ce que j'avance; car il n'y a de granits en masse naturelle, qu'au sommet de la vallée d'Ossau, d'où se précipite ce torrent.

Après Sévignac, et Rebenacq, il passe au pied de Bescat, et forme cette large plaine qui se trouve entre Bescat, Belair et la Croix de Buzi. Aprés cela, il forme celle de Buzi, Buziet, Ogeu, Herrère, etc., pour se réunir au Gave d'Aspe.

C'est dans cette marche qu'il a labouré les rochers délabrés qu'on voit jetés çà et là, entre Buzi, Bescat et Arudy.

Au-dessous du pont Germé, le

Gave prenait encore sur la droite, au moulin de Buzi. Il suivait, de Buziet à Estos, son ancien lit, qui paraît en entier dans cette plaine, sur l'espace de sept à huit mille toises ; en sorte qu'on peut encore reconnaître la dernière partie de cette plaine qu'il a occupée. Elle est tracée dans un enfoncement sinueux d'environ cent toises de large, bordé latéralement de deux petites terrasses dominantes, d'environ quatre à cinq pieds de hauteur.

Au mois d'août 1775, j'ai fait ouvrir un canal dans la plaine d'Ossau, pour procurer l'eau du Gave à la forge de Béon. Comme mon projet était de donner au canal environ trois pieds de profondeur au-dessous du niveau des eaux du Gave, pour faciliter la prise d'eau, je mis dans les conditions des entrepreneurs, qu'ils seraient obligés d'excaver le canal trois pieds dans l'eau : comme il est ordinaire de trouver dans ces plaines l'eau filtrante au niveau des rivières, je fus fort surpris de voir qu'il n'y en avait pas dans l'excavation. Je le fus bien d'avantage, de ne pas en trouver en ouvrant les fondations de l'écluse. Ces fondations n'étaient pourtant éloignées de l'eau du Gave que d'environ un pied. Je fis fouiller plus de six pieds au-dessous du niveau du Gave, et introduire dans ce nouveau canal un volume d'eau capable de faire battre la forge; elle s'absorba dans un banc de cailloutis, qui se trouvait à trente pieds de la prise d'eau. Je fis dégager ces cailloutis; j'introduisis un filet d'eau dans le canal; j'y mis des ouvriers pour combler le trou de terre, et d'autres pour la pétrir avec l'eau qui s'absorbait; je me retirai à Pau, et le Néez était troublé.

Disons un mot des ruisseaux Larri-Gaston et Larriusé.

Larri-Gaston prend sa source à Buzi, et se réunit au Lescun, aux approches du village de ce nom. Ils vont ensemble se jeter dans le Gave d'Oloron, aux extrémités d'un des faubourgs de cette ville.

Larri-Gaston fertilise singulièrement la plaine qu'il arrose. Les habitans des paroisses de Buzi, Herrère, Escon et Escout, ont souvent la douleur de le voir tarir tout à coup. Il revient de même, dans le tems où l'on s'y attend le moins. Il a quelquefois disparu pendant quatre ou cinq ans. D'autrefois, il n'a tari que pendant huit jours. Son intermittence ne suit aucune règle : ce qui surprend le plus, c'est qu'il croît sans pluie, et décroît quand il pleut.

Qu'on se rappelle que nous avons dit que la plaine, depuis Buzi jusqu'à Oloron, est tout à fait semblable, par sa configuration, aux autres plaines par lesquelles descendent les torrens des Pyrénées ; que cette plaine est composée de cailloux roulés par les eaux ; que ces cailloux sont des espèces de serpentins, granit et pierre calcaire, de même nature que les bancs ou couches qui traversent la vallée d'Ossau ; qu'il y a, dans ces cantons, une tradition vulgaire, qui dit que le Gave d'Ossau se perdait autrefois à Hourat ; qu'il passait sous les montagnes, et qu'il allait ressortir, selon les uns, à Buzi, selon les autres, à Rebenacq, où l'on prétend qu'il va encore par-dessous les montagnes.

D'après ces indices, il est aisé d'expliquer les révolutions extraordinaires de Larri-Gaston.

Il se peut qu'il vienne du Gave d'Ossau. Comme ce torrent est très-inconstant, et qu'il comble ou qu'il détruit bientôt ses atterrissemens et son propre ouvrage, il se peut qu'il dépose à l'endroit de sa communication avec Larri-Gaston : dans ce cas, ce dernier doit tarir. Il se peut qu'il détruise son propre atterrissement ; alors Larri-Gaston doit renaître. Il pleut souvent, et la neige fond à la montagne, sans qu'il pleuve dans la plaine ; alors Larri-Gaston croît sans pluie. Il pleut quelquefois dans la plaine, sans qu'il pleuve à la montagne ; alors Larri-Gaston n'augmente pas, parce que, dans son court trajet, il ne reçoit pas même un ruisseau collatéral. Toutes ces variations singulières deviennent fort ordinaires par cette seule explication.

Le Larriusé est si peu considérable, que son volume ne s'élève pas à plus de cinq à six centimètres. Mais autant il paraît peu à craindre, autant il fait de mal, lorsque, grossi par les eaux des pluies ou par celles des neiges entassées dans les cavités des montagnes, il porte la terreur chez les habitans de Laruns. Il y a quelques années qu'il pénétra jusques dans ce village, renversa cinq ou six maisons, et charria, sur le sol de la place qui avoisine l'église, une grande quantité de gravier et d'autres matières, qui le rendent plus élevé de deux mètres, que celui du rez de chaussée des maisons environnantes.

Le Larriusé prend sa source à la montagne qui commande Laruns à l'Occident, environ à trois quarts de lieue de ce village. Il n'est pas possible qu'un si petit ruisseau, qui est à sec, pendant presque toute l'année, produise une si grande affluence d'eau de sa propre source. Il est à présumer que le Gave, fort resserré à Hourat, monte, quand il est grand, à l'embouchure de ces anciennes cavernes, et qu'il vient pivoter dans le lit du

Larriusé qui passe par-dessus ces cavernes (1).

*De la formation des Orages.*

Un spectacle bien curieux, et qui doit remplir d'admiration tout homme sensible, c'est de voir, du sommet des Pyrénées, comment s'y forment les orages. C'est là, que les savans

---

(1) Cette conjecture peut paraître fondée à ceux qui, comme M. Flamichon, ont parcouru les lieux ; mais il me semble qu'il est aussi vraisemblable d'attribuer sa croissance, soit à l'eau de pluie, soit à celle provenant des neiges amoncelées sur le sommet de la montagne, d'où découle sa source. On peut présumer que ces eaux vont aboutir à ce ruisseau en grande quantité, et qu'elles occassionnent ses crues. Il est vrai que, d'après cette opinion, il faut que le Larriusé grossisse non-seulement toutes les années, lors de la fonte des neiges, mais encore toutes les fois qu'il survient quelque grande averse : c'est ce qui arrive en effet.

du siècle devraient venir prendre des leçons de chimie et de physique expérimentale. Ils rougiraient, sans doute alors, des petites opérations qu'ils exécutent, avec si grand appareil, dans les laboratoires des capitales; ils rougiraient d'ignorer les premiers principes des opérations que le Grand Architecte de l'Univers les invite à venir étudier dans le livre de la nature qu'il déploie avec tant de magnificence, dans les Pyrénées. Les plus légères connaissances qu'ils pourraient acquérir dans ce nouveau genre d'étude; celles que l'artiste le plus ordinaire acquerrait pendant une seule campagne, dans ces montagnes, pourraient devenir plus utiles au bien de l'humanité et aux progrès de la vraie science, que toutes les combinaisons réunies qui se font pendant des siècles entiers, par tous les savans de l'Europe.

Pour moi, qui n'y entends rien,

je vais me borner simplement à décrire les principaux faits que mes yeux ignorans n'ont pu se dispenser de voir et revoir mille fois, sur la manière dont se forment les orages.

C'est ordinairement vers la fin d'avril, en mai et juin, que les Pyrénées sont le plus orageuses ; soit que les rayons du Soleil, commençant à réchauffer la surface de ces montagnes, dont les neiges ne sont pas entièrement écoulées, établissent un conflit entre le froid et le chaud ; soit qu'il se précipite dans leurs entrailles caverneuses une certaine quantité d'eau qui s'en exhale en vapeurs : car je ne sais laquelle de ces deux causes contribue le plus à la formation des orages. C'est alors que vous entendez la foudre éclater dans les Monts Pyrénées, et que vous voyez les orages porter la désolation, la terreur et la crainte dans les fertiles campagnes des pays méridionaux de la France.

Souvent, et presque tous les jours, quand le tems est calme et serein, vers les huit à neuf heures du matin, de gros flocons de vapeur d'une blancheur tendre et moelleuse, sortent de la cime, et principalement des flancs des montagnes les plus arides. Ils s'élèvent lentement dans les airs, en flottant légèrement autour de leur source, à peu près, comme on voit des vapeurs fuligineuses, ou des fumées très-épaisses qui, par un tems bien calme, ont peine à abandonner le canal de la cheminée, au bas de laquelle elles ont leur foyer. Ces vapeurs circulent et semblent flotter à tout vent, dans tout le pourtour de la sommité d'où elles sortent, et n'en abandonner le trône qu'à regret. Dès qu'un flocon vient à se détacher de la masse, il s'élève lentement dans l'atmosphère; bientôt il se dissipe et paraît anéanti aux yeux du spectateur. Ce mécanisme et cette dissipation de vapeurs, par flocons détachés, dure ordinairement depuis huit à neuf heures du matin jusqu'à onze heures ou midi ; et s'il se détache ainsi pendant la matinée beaucoup de flocons séparés de la masse générale, il n'y aura pas d'orage ce jour-là. Mais si la masse prend une certaine consistance, et si, à force de s'étendre, elle parvient à s'unir, de midi à deux heures, avec une masse semblable accumulée au pourtour d'une autre sommité, bientôt toutes les masses voisines s'unissent de proche en proche, et bien loin de s'élever et de se dissiper alors en flocons détachés, elles ne font que se précipiter au-dessous de leur source, et se condenser de plus en plus, sur la surface des montagnes inférieures. Elles y forment comme un Ciel nouveau, sous les pieds du spectateur, s'il est sur un pic, et il ne voit plus que les autres pics voisins qui, comme celui sur lequel il se trouve, transpercent la surface de ce second Ciel inférieur; il est alors entre deux Cieux. Le spectateur placé dans une gorge voit naître, au-dessus de sa tête, ce nouveau Ciel qui, comme une voûte, vient s'appuyer sur les sommités des montagnes qui forment la gorge, et qui servent comme de culée et de point d'appui à cette voûte; c'est-à-dire que ce nouveau Ciel se trouve dans une région mitoyenne, entre les plus hauts pics et les gorges les plus profondes, qui composent la chaîne de montagnes. Peu après, le spectateur élevé voit un point où se réunit la plus grande masse de ce Ciel inférieur. Le tonnerre commence à gronder sourdement sous ses pieds, vers le centre de cette masse; il voit de petites pointes d'éclairs très-fines, droites et aiguisées, comme la lame d'une épée, qui transpercent subitement, de tems à autre et d'espace en espace, toute la surface du Ciel qu'il domine. Cette surface n'est pas unie ; elle ressemble à un immense troupeau de moutons d'une grosseur énorme, qui semblent se vautrer en roulant sur eux-mêmes, et flotter par ondulations en passant les uns par-dessus les autres. A mesure que ce mouvement augmente, la masse se concentre en un, deux ou trois points principaux : les éclats du tonnerre croissent; les éclairs percent à peine la surface du Ciel ondulant ; enfin, tout fond en eau sur la montagne. Mais le plus souvent tout est balayé et charrié avec une vitesse extrême dans les pays adjacens; un vent bienfaisant et frais, quoiqu'il vienne du Sud, descend presque tous les jours, à une heure après midi, de la sommité de la chaîne. Il suit, du côté de France, la direction des vallées, comme pour diminuer cette chaleur étouffante occasionnée par la réverbération des rayons du Soleil, lancés sur les rochers arides et escarpés qui s'élèvent de toutes parts. C'est ce même vent, sans doute, qui emporte les orages; il les charrie hors des montagnes, et les déblaye quelquefois en un seul corps, quelquefois en deux ou trois divisions, sur les plaines adjacentes, où ils fondent sur des lignes qui s'étendent ordinairement du S.-O. au N.-E., dont la largeur n'est, tout au plus, que d'une lieue, et dont la longueur se propage à une distance infinie.

Ces orages abandonnent la chaîne des Pyrénées vers les 4 ou 5 heures du soir. J'en ai vu qui, en une heure, étaient à 60 ou 80 lieues de distance. En 1786, il en passa un, à 6 heures et demie, sur la ville de Pau; et avant la nuit, tout le pays, jusqu'à Montauban et beaucoup au-delà, fut ravagé sur plus d'une lieue de largeur.

Les malheureux cultivateurs de ces

fertiles contrées ne connaissent pas l'origine de ces orages qui leur enlèvent, en un instant, les fruits de deux ou trois années de sueurs et de travaux. Ils seraient bien surpris, si on leur indiquait les montagnes et les ouvertures mêmes d'où sortent les causes de tous leurs maux, et, surtout, si on leur disait qu'il ne serait, peut-être, pas impossible d'en arrêter les funestes effets. C'est un plan dont l'exécution serait digne du plus grand des Rois.

Que faudrait-il pour cela ? Trouver un moyen, soit par des batteries de canon, soit autrement, de dissiper et faire exhaler les flocons de vapeur, à mesure qu'ils tendent à s'accumuler sur les flancs de chacune des montagnes d'où ils sortent, et où ils ont coutume de se condenser. Je pourrais indiquer plusieurs de ces montagnes ; elles sont la plupart caverneuses et sillonnées à leur surface de fentes dans lesquelles se précipitent les eaux des neiges fondues, et d'où sortent les vapeurs aqueuses et ignées qui constituent les orages. On les reconnaît, en général, quand on voit que les eaux n'ont pas formé de ces grandes et profondes gorges qui déchirent leurs flancs, et par lesquelles s'écoulent celles de leur sommité. Une des plus considérables est celle d'Anie, sur les confins du Béarn et de la Soule, de la haute Navarre et de l'Aragon ; elle est sans ravines et sans eaux courantes du côté du Nord; toute sa base, vers la France, n'est que rochers calcaires entassés pêle-mêle, sans ordre, sans régularité dans les couches, et tous fracassés. C'est à travers ces débris que s'infiltrent les eaux superficielles, et que sortent les orages qui ravagent les plaines fertiles des pays adjacens aux Pyrénées.

Je dois citer, à cette occasion, les

fables et les préjugés du pays, qui, toujours appuyés sur un fonds de vérité, ne feront que confirmer les faits que je viens d'avancer.

Les Basques, qui voient les foudres et les orages se former sur cette montagne d'Anie, et qui n'en ressentent jamais les funestes effets, parce qu'ils sont situés à son Occident, et que les orages courent presque toujours entre le Nord et l'Orient, la regardent comme le séjour favori de leur *Yona Gorri*, mot à mot, l'Être habillé couleur de feu, le Diable enfin. Ils débitent, à ce sujet, beaucoup de puérilités que je ne rapporterai pas ici.

Les habitans de Lescun en Béarn, situés à son Nord-Est, et par conséquent sous les orages qui s'en échappent, prétendent que cette montagne est l'arsenal où se réunissent tous les sorciers, les magiciens et tous les diables de l'enfer, fabricans d'orages; et que c'est de là, qu'ils les lancent et les distribuent, à leur gré, sur les habitans des plaines, pour punir ou favoriser qui bon leur semble. C'est d'après cette persuasion intime que les femmes de ce village s'armèrent de fourches, de broches et de bâtons, pour poursuivre M. Borda, Président à Dax, savant naturaliste, qui, ne se doutant pas de leur prévention à cet égard, avait annoncé hautement, dans le pays, qu'il voulait monter le lendemain sur cette montagne. Il fut poursuivi, chassé et obligé de partir le soir même, sans que le curé du lieu, chez qui il était logé, eût pu faire entendre raison à ses paroissiens attroupés. Ils étaient acharnés contre le savant qu'ils regardaient comme un sorcier, par la seule et unique raison qu'il voulait gravir cette montagne pour joindre ses associés. J'y montai quelque tems après que M. Borda en eut formé le projet; mais je me gardai bien d'attaquer cette montagne du côté de Lescun ; je pris, comme on a vu, la route par S.<sup>te</sup>-Engrace, où des Basques me servirent de guides.

Si les Basques, qui paraissent si bien connaître la source des orages, avaient employé en batteries de canons ou autres moyens physiques, les fonds que la superstition leur a fait employer à construire, doter et entretenir toutes les chapelles qu'ils ont érigées sur les montagnes orageuses de leur pays ; et s'ils savaient sacrifier, pour l'entretien de ces moyens physiques, les fonds qu'ils emploient par contribution volontaire, par aumônes, donations pieuses et présens journaliers, en grains, volailles, fruits, linge, etc., pour la subsistance, entretien et luxe de ces chapelains, uniquement destinés, sur les montagnes, à conjurer les orages ; il n'est pas douteux que, si jusqu'à présent ils n'étaient parvenus à en arrêter les causes, ils seraient du moins en état d'en détourner les funestes effets. Il est incroyable avec quel zèle ils donnent dans ce genre de superstition. Rien ne leur coûte pour choisir et entretenir, sur ces hauteurs, les prêtres qu'ils croient les plus en état de remplir leurs vues. Quelles sont les qualités requises pour ces fonctions? Une constitution forte, un bras vigoureux, capable d'asperger, de conjurer et de chasser l'orage à coups d'hysope.

En Béarn, cette fonction est reservée aux curés de paroisse. Ils ne montent pas eux-mêmes, comme les chapelains Basques, sur les montagnes où se forment les orages. Ils y entretiennent quelquefois des vicaires ; leurs fonctions se réduisent au pourtour de l'église et du cimetière ; ils les remplissent souvent sans se déplacer. Il est des paroisses dont le territoire est moins exposé aux orages, par des causes physiques dues à la position des montagnes et à la direction des vents qui les en détachent. Mais jamais ces causes physiques n'entrent en ligne de compte. C'est toujours la force de bras de tel curé, sur la force de bras de tel autre curé, qui produit tous les effets. C'est ce bras plus ou moins vigoureux, qui détourne l'orage de tel canton, pour le rejeter sur tel autre. Il est bon d'entendre, après de grands orages, les habitans de certaines paroisses exalter l'énergie, avec laquelle leur pasteur est parvenu à détourner le fléau dont ils étaient menacés, pour le faire fondre sur une autre, dont le pasteur moins vigoureux ou moins énergique, n'a pu détourner les coups.

Dans le pays Basque, quand un orage va fondre sur deux, quatre, six, dix paroisses voisines de la montagne qui le fait naître, le chapelain de cette montagne doit s'attendre à être maudit par les habitans ravagés; mais aussi, il reçoit des présens sans fin, des paroisses épargnées, et chaque particulier s'impose lui-même et lui porte, sur la montagne, un tribut de reconnaisance plus ou moins fort, selon qu'il est possesseur, dans le canton préservé, d'une étendue de terrain plus ou moins considérable. Ce sont ordinairement les maîtresses de maison qui portent cette offrande au chapelain, qui a pour titre et caution de la certitude de son paiement, un excellent gage : la crainte qu'a chaque particulier d'être grêlé par sa seule volonté. Cependant, il faut convenir que, depuis quelque tems, les Basques commencent à s'éclairer, et qu'ils ne sont pas si superstitieux, à cet égard, qu'ils l'étaient autrefois. Les montagnes sur lesquelles ils ont élevé des chapelles, sont très-orageuses; telles sont la Rune, S.<sup>te</sup>-Barbe, Oillarandoy, Orisson, S.<sup>t</sup>-Sauveur, Nethé, S.<sup>t</sup>-Antoine, la Madelaine et plusieurs autres. Ces montagnes, situées à l'empâtement des Pyrénées et dans les pays habités, ne sont ni des plus élevées, ni des plus orageuses. C'est dans le sein même de la haute chaîne, que se trouvent celles qui le sont le plus. Elles ne sont pas fort connues. Il n'y a que quelques pasteurs des hautes montagnes, à qui l'oisiveté permet de faire ces sortes de remarques. Quelques habitans de chaque canton des pays adjacens reconnaissent aussi de loin, celles dont ils ont le plus à redouter les influences. Mais ils en ignorent, pour l'ordinaire, et le nom et la position géographique.

J'ai été bien aise de rappeler ici les préjugés des Basques à cet égard, si on peut appeler préjugés, le résultat d'une observation constante des phénomènes de la nature; observation dont l'antiquité la plus reculée nous a conservé des monumens authentiques et capables d'autoriser les préjugés superstitieux et religieux des Basques. Ne voyons-nous pas que Jupiter lançait les foudres et les carreaux sur la terre, du sommet de l'Olympe; que c'était sur les hautes montagnes que résidait le Dieu du tonnerre; et que c'était dans les antres et les cavernes de ces mêmes montagnes que Vulcain, Dieu du feu, forgeait, avec ses Cyclopes, les foudres et les carreaux qu'il administrait au Dieu des airs.

En voilà assez pour prouver l'observation que j'ai faite, en parcourant les Pyrénées, que c'est au sommet de quelques-unes de ces montagnes que se forment les orages, les foudres et les tonnerres, et que c'est de leur sein même, que sortent les matières aqueuses et ignées, ainsi que d'autres exhalaisons constitutives de ces météores. J'ajouterai seulement que les sommités des montagnes, au pied desquelles jaillissent des fontaines thermales ou minérales, sont plus sujettes que les autres à jeter de ces sortes d'exhalaisons ; telles sont les montagnes des salines de Navarre, celles d'Aussurne et de Camou, au pied de laquelle sortent des eaux sulfureuses ; celle de Binet, remplie de fentes à son sommet, et au pied de laquelle sortent les eaux thermales et minérales de S.<sup>t</sup>-Christau, à l'embouchure de la vallée d'Aspe ; celle de Gourzi qui domine les Eaux-Bonnes et les Eaux-Chaudes, en face de la vallée d'Ossau ; les pics de Barèges et Cauteretz, celui de Bagnères, etc.

Vers la fin de juillet, quand les neiges sont fondues, les orages sont moins fréquens.

## Des Nuages.

J'ai vu sur la plus haute sommité des Pyrénées, les orages se former, du côté de France, par un autre mécanisme dont l'origine part toujours du même principe.

Quand le vent souffle du midi vers le Nord, les vapeurs qui s'exhalent des montagnes d'Espagne sont charriées vers la France, mais elles rencontrent le sommet de la chaîne qui, comme une barrière insurmontable, s'oppose à leur passage. Alors elles s'accumulent et forment, au pied de cette digue, du côté d'Espagne, une stagnation de vapeurs de deux à trois lieues, et quelquefois beaucoup plus de largeur qui occupe presque toute la longueur du cordon le plus élevé. Il s'échappe de cette masse, par les cols ou brèches de la haute chaîne de montagnes, des courans de vapeur qui, comme un courant de fumée blanche et pelotonneuse, passent du côté de France avec plus ou moins d'abondance. Quand ces courans ne sont pas abondans, ils se dissipent et s'anéantissent à mesure qu'ils arrivent. Mais s'ils le sont, et s'ils parviennent à s'accumuler avant de pouvoir être dissipés par l'atmosphère de France, ils se refroidissent et semblent attirer alors, beaucoup plus fortement, les vapeurs de la stagnation d'Espagne qui passe en totalité du côté de France, et il en résulte des orages presque généraux, qui occupent la chaîne des Pyrénées et qui durent quelquefois plusieurs jours, dans les pays adjacens.

Si ces orages n'ont pas lieu, les vapeurs s'accumulent de plus en plus, au pied de la chaîne du côté d'Espagne; ils y sont comme précipités au-dessous du cordon le plus élevé des Pyrénées, par la force du vent qui rase leur surface et la comprime, et dès que le vent de Sud vient à diminuer, ces vapeurs se soulèvent et passent du côté de France, où elles se résolvent en pluie

La même stagnation de vapeurs

s'accumule au pied des montagnes, du côté de France, avec le vent de Nord; dès qu'il vient à diminuer, la stagnation se soulève, passe en Espagne, où elle fond en eau. Voilà l'origine du proverbe des espagnols, qui disent qu'ils ne reçoivent de France que vent de pluie et mauvais tems. C'est aussi celle du proverbe Béarnais : *mountagne escure, Bourdeou cla, dé plouye qué nou cau parla; montagne obscure, Bordeaux clair, de pluie il ne faut parler;* parce qu'alors, le vent de Nord chasse vers les Pyrénées, tous les nuages des pays adjacens qui, dès que le vent domine, finissent par les surmonter et porter la pluie en Espagne. Par la raison contraire, les Béarnais ont un autre proverbe qui dit : *mountagne clare et Bourdeou escu, qué y aura plouye de segu ; montagne claire, et Bordeaux obscur, il y aura pluie, c'est bien sûr.*

J'ajouterai, à ce sujet, qu'il m'est

arrivé très-souvent, dans les Pyrénées, de pouvoir passer à volonté de la pluie au beau tems, et réciproquement. Il me suffisait, pour cela, de passer de France en Espagne sur un trajet de deux ou trois cents toises seulement, en traversant par les cols l'épaisseur de la crête des Pyrénées, quand le vent était Nord; parce que la stagnation de vapeurs, accumulée au pied de la crête du côté de France, s'y fond quelquefois en pluie, tandis que le tems est superbe à quatre pas au-delà. Il est très-commun de voir la pluie en France, et le beau tems en Espagne; au lieu qu'il est très-rare de voir la pluie en Espagne; et le beau tems en France. Je ne me rappelle pas l'avoir jamais observé; mais il m'est très-souvent arrivé d'éviter la pluie en France, en passant seulement sur le revers de la crête du côté d'Espagne, où le Ciel est plus constamment et presque toujours beau. La raison de ce changement est simple : les nuages en France peuvent se résoudre en eau, dans le même instant qu'ils sont évaporés et dissous par l'ardeur du Soleil et par la chaleur de l'atmosphère du côté d'Espagne ; car le Soleil, qui darde ses rayons du Midi au Nord, a assez de force pour dissiper et dissoudre les courans de nuages, à mesure qu'ils s'échappent, par les cols de France, dans la région plus ardente d'Espagne ; parce que ces courans s'y introduisent en tendant à voyager contre la direction des rayons du Soleil, et sur un sol toujours échauffé par ces mêmes rayons. Mais, au contraire, quand les nuages sont accumulés en Espagne, et qu'ils s'y fondent en pluie, les rayons du Soleil n'ont pas la même force du côté de France, pour dissoudre les courans de vapeurs. Ajoutons encore que ces courans de nuages, dirigés vers la France, portent sous eux-mêmes leur propre ombre qui tend à refroidir la surface du sol au-dessus duquel ils doivent planer. Ils s'opposent donc eux-mêmes à leur propre exhalation en vapeurs; cette exhalation n'a lieu, d'une manière assez complette, que dans le tems des grandes chaleurs; car vers l'automne, ces vapeurs chaudes qui passent d'Espagne en France, après un vent de Sud, se résolvent subitement en pluie sur la sommité même des montagnes, sans la moindre apparence de pluie dans les pays inférieurs. Ce phénomène occasionne des débordemens subits et inattendus. Les habitans des pays adjacens sont quelquefois surpris de voir, par un très-beau tems, leurs champs et leurs prairies inondés du soir au lendemain. Ces inondations sont très-ordinaires, après que le vent de Sud a régné quelques jours; car il accumule, peu à peu, toutes les vapeurs du Midi au pied des Pyrénées du côté d'Espagne. Au moment où le vent cesse, les nuages surmontent cette digue ; ils arrivent sur le sol des montagnes, ils s'y condensent et fondent en eau.

Un des plus forts débordemens que j'aie vu en automne, fut celui du 17 septembre 1772. J'étais alors dans les hautes montagnes de la vallée d'Ossau. J'y essuyai, à la suite d'un vent de Sud, une grosse pluie qui dura 54 heures. Dès qu'elle eut cessé, je voulus descendre dans les vallées ; j'y trouvai des obstacles sans nombre. Ici, des torrens changés de place ; là, des ponts emportés ; ailleurs, des ponts étaient respectés ; mais ils n'en devenaient pas plus utiles, parce que le lit de l'eau les avait abandonnés: presque partout; les routes encombrées par d'énormes débris de montagnes qui avaient croulé. Obligé de voyager sans chemins déterminés, je passe à Castets, sur le bas d'une prairie qui flotte sur une couche d'eau introduite entre la base pierreuse de son fonds et le gazon soulevé de sa surface. Autant de fois que le fer de mon cheval perce le gazon, autant de fois je suis éclaboussé par des jets d'eau que le poids de la prairie flottante, bien plus encore que celui du cheval, fait jaillir derrière moi par-dessus sa croupe. Cette introduction des eaux entre la roche et le gazon, comme entre cuir et chair, me présente, dans un endroit, une partie de forêt qui a glissé avec son sol sur le penchant de la montagne, pour aller s'implanter au milieu d'un champ sur la plaine, sans que les arbres se soient renversés ni dérangés de leur position respective; plus loin, c'est une prairie qui était sur une pente, et qui glisse presqu'en entier avec une cabane, une grange et plusieurs rochers qui l'accompagnent ; ils vont ensemble, sans que rien se dérange, s'arrêter sur le premier plateau qui se rencontre de niveau. Dans d'autres endroits, c'est un village (Urdos en Béarn) qui glisse en entier avec la croupe de la montagne sur laquelle il était assis, et qui laisse de vastes fentes décharnées dans sa partie supérieure ; ailleurs, c'est une partie de village (S.<sup>te</sup>-Engrace en Soule) engloutie sous les éboulemens d'une montagne ; dans d'autres endroits, des masses de rochers énormes, se détachant du sommet d'une montagne, écrasent une maison dont on trouve les poutres et les débris sur le flanc de la montagne opposée ; un éclat de rocher frappe le mur d'un moulin, fait son trou, passe dans le mur opposé où il laisse un second trou, sans faire de mal à personne (Béon, moulin de M.<sup>r</sup> d'Augerot).

Concluons que le passage subit d'un Ciel pluvieux à un Ciel serein, est très-fréquent en allant de France en Espagne par la sommité des Pyrénées, et que ce spectacle est très-rare en venant d'Espagne en France.

Un autre spectacle non moins curieux, c'est de pouvoir aller chercher le beau tems et se mettre au-dessus de la pluie et des orages, quand même le Ciel serait pris de toutes parts, soit en France, soit en Espagne. Il suffit, pour cela, de gravir sur les pics les plus élevés. Là, vous vous trouvez perché au-dessus du Ciel orageux ; vous le dominez comme le mât d'un vaisseau paraît dominer la vaste étendue des mers ; vous voyez, çà et là, quelques pics isolés qui, comme celui que vous habitez, transpercent ce Ciel ; vous êtes dans une atmosphère superbe ; il semble que toutes les forces de la nature en fureur, soient soumises à vos lois.

## Des Neiges.

C'est ordinairement vers la fin de septembre ou le commencement d'octobre, que les crêtes des montagnes commencent à blanchir. Mais cette première neige a très-peu de tenue; elle fond et se renouvelle plusieurs fois avant de se fixer. Ce n'est qu'au mois de novembre qu'elle y parvient. Alors un voile blanc couvre toutes les sommités; ce voile descend toujours de plus en plus à mesure que les rigueurs de l'hiver s'approchent. Un fait digne de remarque, c'est que ce voile de neige, qui descend peu à peu, maintient toujours sa partie inférieure sur un même niveau, dans tout un canton de montagnes. Je ne sais si ce niveau existe dans toute l'étendue de la chaîne. Il est impossible d'assurer ce fait, ne pouvant pas la découvrir toute d'un même point de vue. Il faudrait, pour le vérifier, plusieurs observateurs qui opérassent dans divers lieux et en même tems; car la neige monte et baisse d'un jour à l'autre, suivant la température. C'est dans les mois de décembre et de janvier que toute la masse des Pyrénées se trouve renfermée dans une enveloppe de neige fixe. Il serait bien difficile de dire à quelle hauteur s'élève l'épaisseur de cette enveloppe. Il y a je crois, à cet égard, beaucoup de variétés qui dépendent de la configuration et de l'exposition des lieux. Car la direction du vent qui souffle sur ces montagnes, contribue beaucoup à dépouiller la neige de certaine exposition, pour en surcharger d'autres parties. Comme il n'est pas possible alors de voyager dans ces déserts, et que tous les ports des Hautes-Pyrénées sont fermés, on ne peut établir aucun fait à cet égard.

Il y a cependant certains passages où il se trouve des auberges dont les habitans n'abandonnent jamais la demeure. Ils y passent souvent l'hiver sous les neiges. Tels sont ceux de Peyréner, de S.te-Christine, au port de la vallée d'Aspe; ceux de Broussette, Segoton, au port de la vallée d'Ossau, et quelques autres; mais c'est toujours dans les ports les moins élevés. Les habitans de ces maisons ont l'attention de se pourvoir, avant la chute des neiges, de tout ce dont ils peuvent avoir besoin pour leur subsistance et celle de quelques voyageurs qui pourraient s'y trouver surpris et bloqués avec eux. Les communautés frontières font planter sur le passage des ports et le long des sentiers qui y conduisent, une suite de perches fort élevées, dans l'objet d'indiquer la route que doivent suivre les voyageurs et leurs guides, afin de ne pas se précipiter dans les abîmes des montagnes comblés de neige. Les propriétaires de ces maisons élèvent des signaux au-dessus de leurs toits, pour les indiquer aux voyageurs et pour les reconnaître eux-mêmes, en cas qu'ils soient surpris par la chute des neiges lorsqu'ils sont hors de chez eux.

Malgré toutes ces précautions, combien de voyageurs, surpris par ces chutes en franchissant les ports, dont on n'a jamais eu des nouvelles ! Un seul faux pas suffit pour être précipité dans les abîmes et déchiré en lambeaux, avant d'être parvenu au quart de leur profondeur. On ne peut pas même se flatter d'éviter ces faux pas, quand on traverse les Pyrénées par le plus beau tems de l'année, et quand ces précipices sont bien à découvert. A quels dangers n'est-on pas exposé quand les chemins et les traces sont effacés, et que ces précipices, comblés de neige par le vent, sont au même niveau que la surface du sentier étroit dont on ne peut pas se dévoyer, sans être abîmé et anéanti !

C'est dans le mois de mars et d'avril que les ports commencent à devenir libres, par la fonte des neiges, dans les gorges des Pyrénées et dans les cols par lesquels la haute chaîne de montagne semble s'abaisser exprès, pour livrer un passage difficile aux habitans des deux royaumes. Mais la neige subsiste sur les grandes chaînes, jusqu'au mois de juillet. Il y a même des endroits où elle ne fond jamais, et où elle se convertit en glaciers perpétuels.

*Des Neiges perpétuelles ou des Glaciers.*

On ne trouve pas dans les Pyrénées, des glaciers comme ceux des Alpes. Une singularité qui leur est propre, et dont je n'ai pas vu d'exemple dans l'histoire des autres glaciers, c'est que ceux des Pyrénées sont périodiques ; ils croissent pendant un certain tems, au bout duquel ils périssent tout à coup, et renaissent pour croître de nouveau, et périr ensuite subitement.

Situés dans les précipices et dans les gorges resserrées, ils ne forment d'abord qu'un pont ou arceau fort étroit dans le bas de la gorge. Ce pont ou arceau se charge chaque année d'une nouvelle couche de neige qui se glacifie à sa surface, tandis que cette glace se fond en eau dans la partie inférieure et par-dessous la voûte du pont. Ils ne forment, dans le principe, qu'un petit arceau de la grandeur de nos ponts, d'une seule arche ordinaire, mais, à force de croître par-dessus et de décroître par-dessous, ces arceaux s'élèvent, avec le tems, au point de pouvoir être comparés, dans certains points de vue, à un arc-en-ciel. Le premier que j'ai vu, a produit en moi, une sensation bien extraordinaire; c'était un amas de neige glacée, d'une étendue assez considérable, qui comblait toute l'origine d'une gorge, dont la largeur et la profondeur étaient immenses. Non-seulement cet amas de neige applanissait les deux montagnes latérales, qui formaient la naissance de la gorge et les réunissait entr'elles, mais encore il était bombé vers son milieu, et faisait une courbure assez considérable. Sa surface était inclinée suivant la pente générale du pic auquel il était adhérant du côté d'Amont. Je passai de préférence sur cet amas de neige, pour parvenir au sommet du pic auquel il était adossé, et j'y passai sans le moindre soupçon de danger. A mon retour, j'eus la curiosité de descendre par le bas du précipice, pour visiter, dans le fond de la gorge, le dessous de cet amas que je croyais prodigieux. Quelle fut ma surprise, quand je vis que le sommet de l'arceau sur lequel j'avais gravi, n'avait peut-être pas une toise d'épaisseur vers le milieu de la voûte ! J'en frémis d'horreur.

Je vis en dessous une horrible caverne; sa voûte de neige, soutenue sur les deux sommités de la gorge, me paraissait près de crouler par son peu d'épaisseur. C'était bien le pont le plus hardi qu'il fût possible de voir. Je pénétrai en dessous, autant que purent me le permettre les grosses gouttes d'eau qui tombaient de la voûte; j'y ramassai quelques cristaux. Là, prenait naissance un ruisseau considérable qui paraissait n'avoir d'autre source que la distillation de cette voûte de neige périlleuse. Je présumai qu'elle ne résisterait pas long-tems dans cet état. Effectivement elle croula l'année après, lors de l'inondation du 17 septembre 1772. Qu'on s'imagine le fracas que fait en tombant une voûte de glace qui a quelquefois une demi lieue ou trois quarts de lieue de portée! Les échos en retentissent à une distance considérable ; les rochers sont pulverisés et répandent une odeur de souffre que l'on ressent dans l'atmosphère, à quatre lieues à la ronde! Les habitans des vallées entendent souvent ce bruit effroyable; ils ressentent l'odeur de souffre, et ne connaissent pas la cause qui l'a produite. Ils l'attribuent toujours à la chute de quelque sommité de montagne qui, à la vérité, produit à peu près les mêmes effets. Mais rien ne distingue la chute des glaciers d'avec celle des montagnes, comme l'odeur de souffre charriée par les eaux. Cette odeur est quelquefois portée, par les torrens, jusqu'à leur embouchure dans l'Océan, à 60 ou 80 lieues de distance. C'est ainsi que le débordement de ses derniers jours (10 octobre 1786) a porté une odeur de souffre qui infectait les bords du Gave à Pau. Ce sont les rochers pulvérisés par la chute des glaciers, qui chargent les torrens d'un sable grisâtre et fin, dont les eaux sont troublées et chargées, au point qu'on y trouve, par l'évaporation, presqu'un tiers de sable vaseux.

Ces glaciers ne croulent qu'au mois de septembre ou d'octobre, et ne peuvent crouler dans tout autre saison de l'année; voici pourquoi : en septembre et octobre, leur voûte est dans l'état le plus faible possible, tandis que dans toutes les autres saisons de l'année, cette même voûte est dans son état le plus fort possible; puisque dans le printems et dans l'été, elle se trouve fortifiée par les neiges de l'hiver précédent. Cette voûte ne s'affaiblit que par les grandes chaleurs qui la font distiller continuellement en dessous, sans additions au-dessus. Si elle pouvait franchir les mois de septembre et octobre, et se maintenir sans crouler jusqu'au mois de novembre seulement, elle se trouverait alors fortifiée par les nouvelles neiges qui tombent et se congèlent sur sa surface, et la consolident de nouveau jusqu'à l'été suivant. Ce neiges permanentes ne fondent qu'au mois d'août; elles se fortifient depuis novembre jusqu'en avril; et depuis avril jusqu'en août, elles perdent la force que l'hiver leur a procurée. C'est donc à la fin de l'été qu'elles sont dans leur plus grand dépérissement, et qu'au mois de novembre elles commencent à se fortifier. Ainsi, si elles ne croulent pas lors de leur plus grand dépérissement qui est en septembre ou octobre, elles ne périront pas de l'année, et se prolongeront jusqu'au mois de septembre ou octobre suivant. Ce raisonnement est confirmé par les faits. La description des glaciers des Pyrénées prouve qu'ils ne ressemblent pas à ceux des autres pays.

Il y a sur ces glaciers une question importante à décider. J'en laisse la solution aux savans ; je me borne à la proposer :

Pourquoi les montagnes des Pyrénées ne produisent-elles pas des glaciers comme les Alpes et les autres montagnes ? On a cru que la cause de cette différence provenait de ce que les Pyrénées n'étaient pas aussi élevées que les Alpes ; mais c'est une supposition gratuite. Cette différence de hauteur n'est pas établie.

Deux causes ont fait porter un jugement précipité sur la hauteur des Pyrénées. 1.° La mesure qu'a donnée M. de Cassini, de la hauteur du Canigou ; 2.°, l'absence des glaciers.

Ces deux causes ne sont pas plus concluantes l'une que l'autre : 1.°, il s'en faut de beaucoup que le Canigou, élevé de 1441 toises au-dessus du niveau de la mer, soit une des plus hautes montagnes de cette chaîne ; il n'est qu'un avorton des Hautes-Pyrénées : 2.°, l'absence des glaciers ne prouve rien sur la hauteur des montagnes, puisqu'il existe dans les Alpes des glaciers qui s'étendent jusqu'au fond des vallées ; au point que les habitans craignent qu'ils ne s'emparent de leurs possessions.

Quelle que soit la hauteur des Pyrénées, on ne disconviendra pas que les sommités de ces montagnes ne soient plus élevées que les gorges glacées des Alpes ; et, si on trouve des glaciers dans les gorges des Alpes, et qu'on n'en trouve pas sur les sommités des Pyrénées, ne devons-nous pas en conclure que la hauteur des montagnes n'entre pour rien, ou que pour très-peu de chose, dans l'existence des glaciers ?

D'après les relations de M. Bouguer, (*figure de la terre*), on peut escalader le haut des Cordilières et y placer un instrument. Il n'en est pas ainsi des Alpes. Leur cime moins élevée est inaccessible pour les chasseurs les plus déterminés qui n'y peuvent pénétrer, par exemple, depuis la Grimsicle jusqu'au Letscherberg, sur un espace de plus de 20 lieues. (*Encyclopédie, glaciers.*)

MM. Bouguer et Bernoulli croient que l'air libre a mille toises de hauteur, et constamment un degré de froid au-dessous du terme de la glace. Ainsi, la neige pourrait commencer à tenir, sur toutes les montagnes, à cette hauteur, si les circonstances des vapeurs, la nature du sol et les vents ne faisaient pas élever cette ligne neigée. (*Encyclopédie, glaciers.*)

Entre les plus hautes cimes des monts couverts de neige, il est des intervalles où elle disparaît en été, et où de nombreux troupeaux vont paître, tandis que plus bas on contemple des glaces qui ne fondent jamais entièrement. La neige se conserve mieux sur le roc nud que sur la terre noire et calcaire. (*Ibidem.*)

Au Nord et à l'Orient de l'Islande est une chaîne de montagnes ensévelie sous les neiges et les glaces permanentes durant tout l'été. Les habitans les nomment Jœklar et Jœkelen; et ces monts ne sont pas les plus élevés de ce pays là. (*Ibidem.*)

Mais, je le répète, il n'est pas décidé que les Pyrénées soient moins élevées que les Alpes; personne encore n'en a donné les mesures. L'absence des glaciers dans les Pyrénées tient donc à quelqu'autre cause qu'à la hauteur de ces montagnes. Il y a dans les Pyrénées des neiges permanentes comme dans les Alpes; pourquoi n'y a-t-il pas des glaciers? Serait-ce la roche, qui constitue ces montagnes, qui, par sa nature calcaire, s'opposerait à la congélation de l'eau sur sa surface, et qui ferait fondre en dessous les neiges et les glaciers, comme dans les Alpes elle les ferait fondre en dessus, par addition continuelle ? Serait-ce les vapeurs chaudes et fuligineuses qui s'opposeraient à la formation des glaciers dans les Pyrénées ?

Plus je réfléchis sur les connaissances des anciens, plus je vois qu'ils en savaient plus que nous, qui croyons tout savoir. Pourquoi ont-ils donné à cette chaîne de montagnes, le nom de Pyrénées, *source de feu ?* Pourquoi la Soule, petit canton du pays Basque, s'appelle-t-elle encore *Subéroa*, mot à mot, en langue basquaise, chaleur souterraine ou feu en dessous ? On n'y trouve cependant pas de traces de volcans, de l'aveu de tous les naturalistes.

### *Des Lavanges de Neige.*

Les lavanges de neige sont très-dangereuses. Elles produisent des effets extraordinaires par la vitesse extrême avec laquelle elles descendent des montagnes. Elles se forment de plusieurs manières:

1.° Tout naturellement, par un simple peloton de neige qui roule sur lui-même, du haut d'une montagne trop droite, sur laquelle il ne peut rester;

2.° Par les vents qui soufflent et qui accumulent au revers d'un pic, une quantité de neige si considérable et si droite, dans la partie abritée par le pic, qu'elle ne peut pas s'y maintenir;

3.° Par le dégel qui produit, sur le glacis des montagnes de médiocre hauteur, le même effet qu'il produit sur nos toits. Ces dernières sont les moins dangereuses.

Quand la neige se détache, par quelqu'une de ces trois causes, du sommet d'une montagne un peu élevée, elle roule sur elle-même, se pelotonne et devient bientôt d'une grosseur énorme. Si, dans sa descente, elle vient à rencontrer un monticule, ou à heurter une masse de rochers, alors on la voit se fendre en éclats et sauter en mille morceaux, dont chacun forme une nouvelle sphère, qui roule en se pelotonnant de nouveau.

Quand ces masses arrivent, toujours en grossissant, dans le fond des vallées, rien ne leur résiste; maisons, forêts, rochers, tout est détruit et rasé d'avance, par la seule commotion de la colonne d'air agité qu'elles chassent en avant. On a vu des maisons lancées sur les flancs de la montagne opposée, avant l'arrivée même de la lavange. (1) On a vu sur ces mêmes montagnes opposées, des forêts renversées, et dont les arbres avaient été jetés à contre-sens du côté d'Amont,

---

(1) Voy. dissertation sur l'état actuel des Pyrénées par M. Darcet, page 28.

par la violence seule de la colonne d'air agité par ces masses énormes. Parvenues dans les gorges, elles y comblent et barrent le cours des eaux qui refluent et forment des lacs immenses. Mais bientôt les torrens parviennent à les surmonter, ou à se frayer des ponts en dessous; et c'est leur écoulement subit qui occassionne, dans les vallées, des débordemens d'autant plus dangereux, qu'ils arrivent sans pluie et sans qu'on s'y attende.

Ces lavanges sont toujours annoncées par une commotion dans l'air, qui produit un sifflement d'autant plus affreux, que la colonne du fluide agité rencontre plus d'obstacles qui s'opposent à son passage. Ce n'est pas, comme dit l'Encyclopédie, au mot *lavanges*, par la crainte que la commotion du bruit ne les mette en mouvement, que les guides qui conduisent les voyageurs, leur imposent un silence très-rigoureux, lorsqu'ils passent dans des défilés ; mais c'est uniquement dans l'objet de mieux entendre ce sifflement, afin de ne pas s'exposer sous la chute de ces terribles masses.

## Des Lavanges de Pierres

Les lavanges de pierres peuvent se subdiviser en deux espèces; en lavanges de pierres sèches et lavanges de pierres et de terres détrempées par l'eau. Elles ont, les unes et les autres, la même origine. Elles proviennent de la destruction de la sommité des Pyrénées dont les débris descendent dans les vallées. Mais comme la cause de leur descente varie, nous allons entrer dans quelques détails à ce sujet.

Les lavanges qui descendent par détrempement, n'arrivent qu'après les longues pluies ou les orages momentanés. On croit voir, quand elles descendent des montagnes, un immense volume de mortier qui coule et flue lentement, en roulant sur le flanc de la montagne. Ce roulis annonce son arrivée de loin, par un bruit sourd, qui donne aux voyageurs, habitués à ces sortes de désastres, le tems de les éviter. Le frottement qu'ils éprouvent dans la lenteur de leur marche, procure quelquefois à ces roulis, une hauteur arrondie de 30 à 50 pieds d'élévation au-dessus du sol sur lequel ils fluent. Leur largeur est indéterminée. Mais la tête du roulis est toujours en forme de poire aplatie, dont la queue, qui vient en arrière, est ordinairement alongée. La tête est quelquefois arrêtée dans sa descente par un plateau de niveau, ou par quelqu'autre obstacle. Alors on voit les matières de la queue s'accumuler au point de la surmonter, et de passer à la tête d'un nouveau roulis. La queue du roulis intercepté devient la tête d'un nouveau qui prend le devant, et commence à fluer par-dessus les obstacles, qui ne résistent pas long-tems aux efforts d'une masse aussi volumineuse.

Quand ces lavanges arrivent dans les vallées, elles engloutissent quelquefois des villages entiers; elles coupent les chemins, barrent les communications, comblent les gorges; et les vallées étranglées font refluer les torrens, par les digues immenses qu'elles opposent à leur passage. Mais bientôt ces torrens attaquent les débris et les dépôts formés par les lavanges; ils les minent par le pied, en séparent les matières qu'ils charrient et qu'ils vont déposer dans les plaines des pays adjacens, en vase, sable et cailloux.

Les lavanges de pierres sèches qui descendent des montagnes, coulent en tout temps. Un spectacle aussi amusant et curieux, qu'il devient dangereux, à moins qu'il ne soit exécuté dans les lieux absolument déserts; c'est de détacher et de lancer quelques rochers du sommet des montagnes, et de voir avec quelle précipitation et quelle vitesse ils s'élancent sur leurs flancs inclinés, pour arriver au fond des vallées. C'est dans ces sortes d'amusement qu'on peut voir les effets de la force accélératrice des corps graves. Au moment où vous livrez le rocher à lui-même, il ne fait que culbuter et rouler assez lentement pendant les 10 à 20 premières toises; mais, s'il parvient à décrire, sur le penchant de la montagne, une trajectoire d'une toise seulement, la trajectoire suivante sera de 3 à 4, puis une autre de 15 à 20, puis de 50, de 100, de 200, jusqu'à ce qu'il s'enterre dans la profondeur d'un tombeau qu'il se creuse lui-même, ou, qu'enfin il se brise, et s'exhale en poussière sous le poids de sa propre chute.

Son mouvement est d'autant plus beau, plus régulier et plus long, que la pente de la montagne est plus régulière, plus rapide et plus couverte de pelouse ou de gazon, parce qu'alors il parvient beaucoup plus bas, avant de se pulvériser ou de s'enterrer. Si vous le lancez sur une montagne, dont le flanc soit couvert de rochers mobiles, à son premier bond, il en détache deux ou trois autres; ceux-ci en détachent autant, et bientôt on voit comme une grêle de rochers, dont les uns bondissent et décrivent une infinité de trajectoires immenses, tandis que les autres se pulvérisent jusqu'à ce que le tout soit parvenu, avec un fracas énorme, dans le fond de la gorge.

Mais, comme je l'ai annoncé, ce spectacle doit s'exécuter avec beaucoup de circonspection et dans des lieux absolument déserts; car si les pierres roulées tombent sur des cabanes ou des troupeaux, elles y font un ravage affreux. Il n'arrive que trop souvent, par hasard ou par le passage des Isards sur les hautes sommités, sans que les voyageurs s'occupent à le multiplier. Les animaux, connus sous le nom d'Isards, dans les Pyrénées, sont des chamois; ils n'habitent que les hautes sommités arides et décharnées. Ils y sont par troupeaux nombreux; les pierres y sont si mobiles, qu'un rien les fait descendre. Cependant ces animaux ne font ébouler, pour l'ordinaire, que de petites pierrailles, qui se trouvent près de tomber du flanc des montagnes escarpées. Mais ces pierrailles en détachent de grosses, et ainsi successivement, jusqu'au fond des gorges.

## De la difficulté de voyager dans les Monts Pyrénées.

Rien ne prouve autant la décomposition des montagnes, et la destruction lente et insensible de l'ensemble des Monts Pyrénées, que la mobilité de ces pierrailles, qui recouvrent leur surface vers les hautes sommités; elles sont en équilibre, et toujours près de tomber. Elles découlent plus ou moins abondamment, dans toutes les saisons de l'année ; c'est cette mobilité des pierres qui présente les plus grands obstacles pour gravir sur les pics. Vous vous servez des mains autant que des pieds pour y parvenir, vous croyez tenir une roche solide, vous vous y accrochez avec sûreté, et elle se détache dans vos mains. Vos pieds ne reposant souvent que sur de semblables pierrailles mobiles, vous glissez et descendez, en un clin d'œil, un trajet que vous n'aviez gravi avec peine, qu'en six ou huit minutes. Rien ne décourage autant que ces glissades inattendues, qui peuvent quelquefois devenir très-dangereuses. Il n'y a que beaucoup d'agilité et de vigueur, une hardiesse, qui ne s'acquiert que par la grande fréquentation et l'habitude des montagnes, qui puissent préserver des accidens. Je ne puis me rappeler les dangers que j'ai courus dans les précipices que j'ai franchis, sans en frémir, et sans ressentir aujourd'hui beaucoup plus d'horreur que je n'en avais alors. Je ne sais si c'était zèle, ardeur, ou imprudence de jeunesse ; mais je ne voyais les dangers qu'en regardant derrière moi. Souvent sous les rochers, ou dans les cabanes de pasteurs où je reposais, je me réveillais en sursaut, croyant être abîmé dans le précipice que j'avais évité pendant le jour.

Ce ne sont cependant pas les passages sur les pierres mouvantes, dont je viens de parler, qui m'ont le plus effrayé ; c'est lorsque je me glissais le long d'un rocher ou d'un flanc de montagne à pic, m'accrochant des pieds et des mains, pour soutenir en l'air le poids de mon corps, sur des précipices dont la profondeur est inconnue : c'est en sortant de ces pas dangereux que je sentais mon sang se glacer dans mes veines. Mes guides plus prudens, ou moins zélés que moi, s'exposaient rarement à ces dangers.

Ceux qui, après moi, parcourront ces déserts, ne se douteront pas qu'un pauvre Géographe les a contournés au péril de sa vie, pour ne pas les laisser en blanc sur la carte. On ne saura pas que ce Géographe n'a pas trouvé un seul montagnard, qui ait su le guider dans la route qu'il s'est frayée à tâtons, pour aller à la découverte de cantons, en les circonscrivant de loin, et en plongeant dessus autant que la hauteur des pics ambians le lui a permis.

Quand je repasse tous ces faits dans ma mémoire, je suis surpris d'exister encore.

## INTRODUCTION
### A la Théorie de la Terre.

Rien n'est plus capable de piquer la curiosité des hommes, que l'histoire de l'origine du Globe sur lequel ils vivent, et perpétuent leur existance, et qui sert de théâtre général à toutes leurs actions et à leurs plus grands intérêts.

Cette histoire, en effet, a été, dans tous les siècles, le sujet des méditations des plus grands philosophes; elle a donné lieu à mille faux systèmes, et quoique les modernes aient reculé les bornes de la science dans les autres branches de l'Histoire Naturelle, cependant, il faut l'avouer, les anciens étaient plus avancés que nous dans la connaissance du débrouillement du chaos. Les monumens précieux qu'ils nous ont transmis sur cette matière en font foi. Il est surprenant qu'on ne se soit point attaché à en tirer plus d'avantage.

Il est surprenant qu'on ne se soit pas aperçu, jusqu'aujourd'hui, de la liaison étroite et de la correspondance intime, qui se trouve entre l'organisation des montagnes, comparées aux pays adjacens, et l'Histoire de la Création du Monde, laissée par Moïse dans les premiers chapitres de la Genèse. Il est bien plus surprenant encore que nos savans, si célèbres dans tous les gennes, n'aient pas trouvé le nœud qui réunit la vérité de l'Histoire Sacrée avec l'Allégorie de l'Histoire Profane. (1)

―――――――――――――――――
(1) Depuis que l'auteur écrivait ceci, il a paru un ouvrage qui compare les faits rapportés dans l'Histoire Sacrée, à ceux rapportés dans la Mythologie.

Cette relation intime, ce nœud, qui réunit ces trois parties de l'Histoire de la plus haute antiquité, et qui n'en forme qu'un seul et même corps, était cependant bien aisé à apercevoir; mais il fallait en avoir la clef. Je crois l'avoir trouvée dans l'organisation actuelle de l'ensemble des Pyrénées et des pays adjacens. J'ai tout vu, non pas en naturaliste, mais en géographe, qui a mesuré et détaillé, avec la plus grande exactitude, toute leur organisation superficielle.

Si nos savans avaient parcouru et examiné, avec cette précision, les montagnes du Globe et les pays adjacens, ils auraient eu bien des avantages sur moi, pour apercevoir l'histoire de leur formation. Mais la plupart des naturalistes, contens de connaître quelques vallées et quelques monts isolés, rentrent dans leur cabinet, pour décrire quantité de merveilles qu'ils y ont vues; ils s'occupent trop des détails, et pas assez de l'ensemble. Je les compare à un anatomiste qui s'occuperait des particules qui entrent dans l'organisation du corps humain, et qui n'en connaîtrait pas les mouvemens généraux. Il faut convenir aussi que le Globe Terrestre est bien vaste pour le petit œil d'un homme. Celui qui pourrait en voir l'ensemble et l'intérieur, d'un seul coup d'œil et d'un même point de vue, découvrirait bientôt, par son organisation actuelle, les lois de son organisation primitive.

### FAITS

*Déduits de l'organisation actuelle des Pyrénées et des pays adjacens.*

1.° Le pays adjacent aux Pyrénées du côté du Nord n'a pu recevoir son organisation caractérisée comme elle l'est, que d'un courant d'eau immense qui s'est précipité tout à coup du haut des Pyrénées. 2.° Cette eau découlait par le canal des vallées dont la capacité ne suffisait pas pour la contenir. 3.° L'eau tombait encore du haut de la chaîne, par une cascade générale et terrible, formant une nappe sur toute son étendue. Les vallées étaient alors plus que comblées. Ce fait est démontré par l'affouillement qui règne au pied de cette chaîne de montagnes, depuis l'Océan jusqu'à la Méditerranée sans discontinuité, qui ne peut avoir été formé que par une chute générale, et qui est semblable à celui que forme une cascade au pied d'une digue qui traverse un torrent. Mais quelle cascade et quel torrent !

Les Monts Pyrénées étaient autrefois le fond de la mer ; cette vérité est incontestable. Ce fond de la mer était disposé par couches horizontales; autre fait incontestable. Les couches ont été bouleversées, fracassées et inclinées dans leur chute vers le Nord;

les eaux qui occupaient cette mer ont ravagé et trituré dans leur chute et par leur cascade, une partie de ces mêmes montagnes qui s'étendaient dans les terres vers le Nord, et dont les racines subsistent encore ; des fragmens énormes ont été précipités au loin ; leurs débris recouvrent leur racine primordiale, à une distance assez considérable, du côté du Nord; tous ces faits sont prouvés et incontestables.

Si les Pyrénées étaient le fond d'une mer; si cette mer s'est écoulée par une chute terrible, sur les pays inférieurs; si ces pays inférieurs n'ont reçu leur organisation actuelle que par l'effet subit et immense de l'écoulement précipité de cette vaste mer; si les couches, qui étaient autrefois horizontales, sont aujourd'hui extrêmement exhaussées au-dessus du terrain adjacent, et inclinées dans leur brisure, de manière qu'on reconnaisse facilement encore leur ancienne position ; si des fragmens énormes ont été jetés au loin, de manière cependant qu'on reconnaisse les fractures d'où ils sont sortis, dans l'ensemble de la masse primordiale ; si cette masse primordiale et le fond de l'ancienne mer sont aujourd'hui, malgré ces dégradations, de 15 ou 18 cents toises au-dessus des pays adjacens: tous ces faits n'ont pu être opérés que par le soulèvement subit du fond de cette ancienne mer.

Mais ce soulèvement subit du fond de la mer Pyrénéène, comment a-t-il pu s'opérer ? Il n'y a que l'intromission d'un corps étranger qui s'est glissé par-dessous la base, comme le soc d'une charrue s'introduit sous la superficie d'un champ, qui soit capable de produire un tel effet.

Mais quel peut être le corps assez puissant, pour s'introduire ainsi sous les profondeurs d'une vaste mer, et soulever son fond, au point d'en former une chaîne de montagnes, et de précipiter du haut de ces montagnes les eaux qui, un instant auparavant, séjournaient tranquillement au fond de cette mer? C'est ce que nous examinerons dans le paragraphe suivant.

## Théorie de la Terre Primitive.

Dans le principe du débrouillement du chaos, parut une comète, qui ne contribua pas peu à dessécher la terre nouvellement sortie du sein des eaux, et à dissiper cette vapeur aqueuse qui remplissait l'atmosphère et entretenait encore un reste d'obscurité sur la surface de la terre. (*La Genèse, ch. 15, verset 17.*) Cette comète tomba dans l'île de Lemnos qu'elle embrasa. (*V. l'Histoire de Vulcain, qui en est l'emblême.*) Elle parut après une grande sécheresse, et forma dans sa chute les grandes chaînes de montagnes du

Liban, de l'Antiliban, du Cassius et du Bralhius. *(Sanchoniaton.)*

Cette comète dut mettre en fusion une partie de notre Globe, et, peut-être, y déposer de sa matière propre. Ces matières en fusion durent y occasionner des ravages affreux. Mais leur excès de liquidité et de pesanteur sur les autres matières, ne dut pas leur permettre de séjourner longtems sur la surface du Globe ; elles durent naturellement se précipiter par leur propre liquidité, par leur propre poids, et par la facilité qu'elles avaient de fondre les autres matières sur lesquelles elles reposaient ; elles durent, dis-je, se précipiter d'elles-mêmes, et en peu de tems, vers le centre de la Terre, comme le vif-argent s'y précipite, quoique moins chaud. Mais pour se faire place vers le centre du Globe, elles durent nécessairement occasionner, des intumescences à sa surface, par le soulèvement des parties qui furent les plus susceptibles de s'élever. Il n'y a pas de doute que les cavités superficielles du Globe et le fond des mers d'alors n'aient été les premières à se soulever, parce qu'étant moins épaisses que les parties montagneuses, elles devaient, toutes choses d'ailleurs égales, avoir moins de pesanteur que les parties hautes du Globe.

Ce soulèvement des mers d'alors a dû produire le déluge dont parle Moïse, (1) et organiser les Pyrénées, qui étaient autrefois le fond d'une mer, telles qu'elles sont aujourd'hui, et telles que nous les avons décrites.

Il paraît que cette matière ignée subsiste encore aujourd'hui au centre

---

(1) Voyez l'Encyclopédie au mot comète : il y est dit que la comète de 1680 paraît avoir eu une révolution de 575 années, et qu'elle se trouve positivement avoir paru l'année du déluge.

du Globe dans son état d'incandescence et de liquidité. C'est sur la surface orbiculaire que repose la base des montagnes actuelles formées par intumescence ; et voilà pourquoi les tremblemens de terre, qui ne sont que l'effet des bouillonnemens de cette matière intérieure, sont plus fréquens dans les pays de montagnes, et notamment dans les Pyrénées, que dans les pays inférieurs.

C'est cette même matière qui, par le contact des eaux de la mer, qui s'infiltrent dans les terres, et pénètrent jusqu'à elle, alimente nos volcans, et y produit des explosions plus ou moins fortes, selon que la quantité d'eau, qui parvient à y pénétrer, est plus ou moins considérable. Si la plupart des volcans sont aux approches de la mer ou soumarins, c'est que l'eau est nécessaire à l'explosion de cette matière ; c'est que les gouffres des mers, qui portent l'eau sur cette matière incandescente, la font ressortir en eau évaporée, et donnent lieu aux volcans soumarins et aux trombes dans le sein des mers, tandis qu'elle ressort en matière incandescente par les bouches ignivomes des volcans terrestres.

La violence de l'éruption des volcans est produite par le défaut d'équilibre entre le feu central du Globe et la chaleur, ou plutôt le froid de notre atmosphère. Le feu, comme tout fluide, tend à l'équilibre. La grande différence entre les degrés de chaleur de l'espace séparé par la croûte de la terre, produit cette violence dans l'élancement des matières volcaniques. Il paraît que les laves ne sont que les matières propres du Globe tenues en fusion par les métaux liquides du creuset central de la terre.

Anciennement, les volcans devaient être plus fréquens qu'aujourd'hui, parce que la croûte de la terre plus nouvellement fracassée, devait laisser pénétrer une plus grande quantité d'eau jusqu'à la surface orbiculaire de cette matière ignée, et parce que, d'ailleurs, cette matière, qui doit toujours se refroidir et se coaguler de plus en plus, devait avoir autrefois sa surface plus fluide et beaucoup plus près de nous qu'elle ne l'est aujourd'hui. C'est cette même matière incandescente qui entretient la chaleur centrale du Globe dont l'existence est aujourd'hui démontrée. C'est encore elle qui réchauffe et produit nos eaux thermales. Les filons des mines, plus fréquens dans les montagnes qu'ailleurs, semblent aussi n'avoir d'autre cause que cette matière qui les a produits, soit par les jets et rejets de ses explosions souterraines, soit par son infiltration dans les pores de la terre, où elle s'est figée, en descendant vers le centre.

Ainsi, il paraît par l'Ecriture-Sainte, par la Fable et par l'Histoire ancienne, que la connaissance des métaux et celle du feu est de nouvelle date, et paraît due à cette époque. L'Ecriture-Sainte nous indique, sous l'emblême de Tubalcain, dont le nom étymologique, signifie, mot à mot, grand feu, le premier qui travailla le fer et l'airain. La fable nous le donne sous le nom de Vulcain, qui est le même que Balcain, Belcain, beau feu. L'Histoire de Sanchoniaton nous l'indique sous le triple nom de Phos, Puo et Phlox, qui correspond en français à lumière, feu, flamme; c'est lui, dit Sanchoniaton, c'est ce triple Être qui le premier apprit aux hommes à faire du feu et à allumer du bois. On pourrait conjecturer que la matière des métaux provient de la matière propre de la comète, que c'est cette même matière qui est encore incandescente dans le centre de la terre, et dont les mines ne sont que des jets figés, tandis que les granits et autres matières terrestres, qui tiennent de la nature du verre, ne sont que les parties terrestres, qui ont été vitrifiées par l'ardeur de la partie métallique en fusion, ou de la matière propre de la comète. Mais nous laissons aux progrès de la chimie, à établir ces distinctions frappantes entre la nature de notre terre propre et celle des métaux. Nous ne pouvons nous dispenser d'ajouter ici que l'infiltration de la matière incandescente dans les entrailles du Globe, et le soulèvement de la surface de la terre, qui dut nécessairement s'ensuivre, est exprimé d'une manière bien énergique dans la fable qui nous apprend qu'à peine Jupiter (emblême de la lumière) fut-il établi sur son trône, les géans, enfans du Ciel et de la Terre, (emblême des effets de la comète) déclarèrent la guerre aux Dieux; qu'ils entassèrent montagne sur montagne pour escalader le Ciel;

qu'ils furent précipités eux-mêmes sous ces montagnes qu'ils avaient élevées; et que les volcans qui sortent de ces montagnes sont les soupirs qu'ils exhalent dans l'oppression de leurs antres souterrains. C'est Tiphon lui-même qui vomit de sa bouche les feux de l'Etna *(Ovide)*. Hercule et ses douze travaux sont l'emblême du calme qui survint insensiblement après cette malheureuse catastrophe. Ce calme est attribué au plus vigoureux des héros de l'antiquité. Il n'en fallait pas moins pour assoupir tous ces petits volcans et les rejets qui devaient continuellement jaillir de cette source de feu.

Notre histoire de l'Enfer, d'un feu dévorant dans les entrailles de la Terre, n'est qu'un reste de tradition de cette ancienne catastrophe, et qu'une fiction très-énergique pour exprimer ce lieu de souffrance, où l'Ecriture nous assure qu'iront, après la mort, les ames des méchans.

La terreur universelle qui règne chez tous les peuples à l'apparition d'une comète, est une tradition bien parlante des terribles effets de celle dont nous traçons ici l'histoire.

L'aridité et le desséchement du sol de l'Asie où cet événement arriva, de ce sol, autrefois si heureux et si fertile, puisqu'il fut le séjour des premiers hommes, et le siège du Paradis Terrestre, ce desséchement, dis-je, n'est probablement dû qu'à cette catastrophe.

Les noms des provinces et des villes d'Asie, qui la plupart ont rapport au feu, proviendraient-ils de la même origine ?

Tyr, signifie tout en feu.

Palestine, pays brûlé et couvert de cendres.

Egypte, terre brûlée par le feu.

Œthiopie, ardeur de la lumière de la terre.

Damas, semblable à un incendie.

Phénicie, feu qui darde.

Biblos, séjour de la lumière.

Arcadie, terre, chaleur, lumière.
Etc., etc., etc.

Hasarderons-nous d'avancer que nous ne sommes pas éloignés de croire qu'il y ait eu sept comètes qui ont produit successivement les sept tems de lumière, intercallés dans les sept tems d'obscurité, comme le dit Moïse par le *factum est vespere*, il se fit nuit ou ténèbres, *et manè*, et lumière? Peut-être ces sept comètes seraient-elles les sept planètes qui ont formé les sept métaux auxquels chacune a donné son nom. Ces sept comètes ou ces sept tems de lumière sont exprimés dans Sanchoniaton, par les sept lilanides ou arthemides.

## EXPLICATION

*Des faits particuliers sur la formation des Pyrénées.*

Si l'introduction d'un corps étranger dans le sein de la terre a soulevé le bassin des anciennes mers, de préférence à la masse plus pesante des continens, cette cause générale a dû produire les effets suivans :

### 1.°

Les couches calcaires et le granit qui leur servait de base primitive, ont dû se rompre et se subdiviser en plusieurs grandes masses par ce soulèvement général.

Voilà l'origine des grandes masses calcaires assises sur le granit, qui constituent les bancs.

### 2.°

Le fond des anciennes mers ainsi soulevé, a présenté par sa convexité une surface bien plus étendue que dans son premier plan horizontal; et cette augmentation de surface n'a pu se faire sans qu'il en soit résulté des fractures, des vides et des intervalles plus ou moins grands entre les masses soulevées.

Voilà l'origine des vallées particulières qui s'étendent en longueur dans la direction générale des Pyrénées.

### 3.º

Les couches calcaires ainsi soulevées, venant à se rasseoir par un affaissement insensible, après leur soulèvement, ont dû prendre des inclinaisons fort variées ; mais toujours relatives à la position où elles se sont trouvées sur l'intumescence générale. Celles du sommet de l'intumescence ont dû se soulever horizontalement, tandis que celles des deux flancs se sont redressées dans une situation verticale.

Voilà l'origine de la grande variété qui se trouve dans les plans d'inclinaison des couches des Pyrénées. Voilà pourquoi elles sont horizontales et peu inclinées au sommet de la chaîne, tandis qu'elles sont verticales et souvent renversées à la base.

Voilà aussi pourquoi, dans les montagnes intermédiaires, le plan d'inclinaison des couches regarde toujours le pays adjacent aux Pyrénées, tant du côté de France que du côté d'Espagne.

## 4.°

Les eaux des anciennes mers s'étant trouvées soulevées avec leur bassin, au sommet des montagnes, ont dû se précipiter, par un épanchement subit, dans le pays adjacent, et former une cascade immense dans tout le pourtour de l'intumescence.

Voilà l'origine de la grande cavité qui règne dans tout le pourtour des

Pyrénées, tant du côté de France que du côté d'Espagne, et que j'ai désignée par le fossé de la fortification. (*D.ᵒⁿ générale.*) Elle a été creusée par la chute impétueuse du volume d'eau immense qui tombait du haut de ces montagnes. Elle s'est plus ou moins approfondie, selon que la chute était plus ou moins forte ; et elle s'est plus ou moins élargie, selon le plan d'inclinaison de la cascade.

## 5.°

La précipitation avec laquelle ces eaux se sont échappées, a dû occasionner des déchirures énormes dans le sol même de l'ancien bassin sur lequel elles reposaient, et du haut duquel elles se précipitaient. Ces déchirures ont dû s'approfondir et remonter progressivement jusqu'au plus haut de l'intumescence, où se trouvait le plus grand volume d'eau soulevée.

Voilà l'origine des grandes vallées qui pénètrent jusques dans la base de granit des Pyrénées, et qui déchirent le sein de ces montagnes depuis le pays adjacent jusqu'à la sommité la plus élevée.

## 6.º

La fureur d'un torrent si considérable et si impétueux a dû charrier dans son sein tous les débris des grandes vallées qu'il a sillonnées au milieu de ces montagnes : et ces matières ont dû être déposées dans le premier endroit où son cours est devenu plus calme, en coulant sur un sol plus uni et plus étendu en largeur.

Voilà l'origine de cette alluvion générale et de cet atterrissement immense qui constitue tout le pays adjacent aux Pyrénées, que j'ai désigné par le glacis de la fortification. (*D.ⁿ générale.*)

Cet atterrissement provenait du déblai des grandes vallées et des matières fracassées dans les montagnes ; voilà pourquoi le sol du pays adjacent est composé des mêmes matières que celles dont les carrières matrices existent dans les Pyrénées.

### 7.°

Ces différentes matières ont dû être roulées et arrondies par les frottemens, au sein de ce torrent tumultueux, et portées plus ou moins loin, selon leurs différens degrés de pesanteur.

Voilà pourquoi le sol du pays adjacent aux Pyrénées est composé, en grande partie, de cailloux roulés. Voilà pourquoi il est plus pierreux au pied des montagnes, et plus terreux à mesure qu'il s'en éloigne. Voilà pourquoi aussi les plus gros cailloux sont restés au pied de la chaîne des Pyrénées, tandis que ceux de moindre grosseur ont été chassés avec les vases et les sables, jusqu'aux approches de la mer.

## 8.º

Les eaux ont dû, lors de leur retraite, établir leurs courans au débouché des vallées des Pyrénées, dans les endroits où elles ont trouvé le moins de résistance, et dans les parties de leurs propres débris où elles ont trouvé des canaux tout frayés.

Voilà pourquoi les grandes vallées des Pyrénées ont abandonné leur direction et leur impulsion naturelle, et se sont recourbées, au sortir des montagnes, pour suivre la direction de la longue cavité qu'elles ont trouvée toute creusée, par la chute précipitée des premières eaux qui sont d'abord tombées, par une cascade générale, du haut des premières montagnes.

## 9.°

La eaux, dans leur retraite, après la submersion générale, ont dû se frayer et sillonner, au milieu de leurs propres dépôts, des canaux plus ou moins larges, selon que le volume d'eau qui y aboutissait, provenait d'une portion de l'ancien bassin plus ou moins étendue.

Voilà pourquoi la largeur des plaines dans le pays adjacent est toujours proportionnée à l'étendue des montagnes dont le versant des eaux débouche dans ces plaines.

## 10.°

La largeur des plaines n'ayant pas suffi pour contenir le volume immense du premier épanchement des eaux qui sortaient encore, à plein canal, des grandes vallées, les eaux surabondantes ont dû surmonter les rives des plaines et se répandre, dès leur débouché des montagnes, en divergeant dans tout le pays adjacent.

Voilà l'origine de cette quantité innombrable de vallons qui prennent naissance assez régulièrement, comme à un centre commun, sous le débouché des grandes vallées, et qui vont se répandre dans tout le pays adjacent, pour se réunir ensuite avec les canaux des grandes plaines, et concourir ensemble jusqu'à la mer.

Il faudrait décrire toutes les circonstances particulières de l'organisation des Pyrénées et des pays adjacens, pour épuiser l'explication des faits, qui ont résulté du soulèvement du bassin de l'ancienne mer qui a donné naissance à ces montagnes. C'est la matière d'un livre immense. Je termine ici l'explication des faits particuliers, pour passer à celle des faits généraux.

## EXPLICATION
### Des faits généraux sur la formation des Montagnes.

Le volume d'eau immense qui s'est précipité tout-à-coup du haut de son ancien bassin des Pyrénées soulevées, dans le bassin des mers actuelles, par une rapidité de 3 à 4 mille toises de pente, n'a pas dû borner ses effets aux simples faits particuliers que je viens de parcourir. Un tel soulèvement du bassin des anciennes mers a dû porter ses effets bien plus loin sur la surface du Globe. Je vais en esquisser quelques-uns.

C'est lui qui a sillonné et comblé de sables cette plaine immense, connue sous le nom de Landes de Bordeaux, qui ne forme qu'une seule et même vallée où coulent les deux grands fleuves d'Adour et de Garonne, à trente lieues de distance l'un de l'autre ;

C'est ce même volume d'eau qui, descendant à la fois des montagnes des Pyrénées, des Cevennes, du Vivarais et d'Auvergne, a procuré à la vallée des Landes de Bordeaux, une largeur de 60 à 80 lieues d'embouchure dans l'Océan ;

C'est ce même volume d'eau qui a procuré au golfe de Gascogne son ouverture d'environ 150 lieues de largeur, par la réunion du grand courant des Landes de Bordeaux, avec celui des sables d'Olonne, qui provenait du versant opposé des mêmes montagnes d'Auvergne, du Gevaudan, du Vivarais et autres. Ce bassin des sables d'Olonne conserve encore 40 lieues de largeur, entre Argenton et Orléans, quoiqu'il se soit divisé en deux branches, et qu'il ait déchargé la majeure partie de ses eaux dans le bassin de la Seine, par un grand courant qu'il a ouvert entre l'Orléannais et la Champagne, en prolongeant le canal originaire de la Loire, en ligne droite, par l'Isle de France, entre la Picardie et la Normandie, d'où il a été se vivifier en deux bras, vis-à-vis l'Angleterre, pour ouvrir les deux canaux de la Manche ;

C'est ce même volume d'eau, descendu du haut des Pyrénées qui, réunissant les plaines de l'Ebre en Espagne, avec celles du Languedoc en France, et qui, grossi par quantité d'autres courans, a probablement ouvert le grand canal de la Méditerranée jusqu'à son embouchure par la mer Rouge, et par la mer des Indes ;

C'est ce même volume d'eau qui, se trouvant barré à l'Isthme de Suès, par les débris accumulés des autres montagnes, que la même cause soulevait en Asie et en Afrique, fut forcé de rétrograder et de se frayer, vers l'Occident, le grand canal qui sépare les Cevennes des Pyrénées, et par lequel le célèbre RIQUET a ouvert la communication des deux mers.

C'est ce même volume d'eau qui, se trouvant encore barré au point de partage du canal de Languedoc, par les débris des montagnes d'Auvergne et des Pyrénées, fut enfin forcé de se frayer un dernier passage entre les intumescences d'Espagne et d'Afrique. Ce passage subsiste sous le nom de Détroit de Gibraltar.

C'est probablement aussi ce même volume d'eau qui, soulevé à trois ou quatre mille toises au-dessus du bassin des mers, et précipité avec une impétuosité incroyable dans le bassin des deux Océans actuels, fut réfléchi avec force de part et d'autre par la barre traversière de l'Amérique; réflexion qui imprima, sans doute, à la masse totale des eaux, cette fluctuation générale que Moïse nous décrit en ces termes : *reversæque sunt aquæ de terrâ euntes et redeuntes* ; et dont le mouvement combiné par le tems, avec les influences des Astres, s'est perpétué jusqu'à nous sous le nom de Flux et Reflux, ou Flot et Jusant.

Je ne finirais pas si je voulais détailler tous les effets qui ont dû nécessairement résulter de cette cause.

Il paraît, en général, que le Globe terraqué n'a pu recevoir son organisation actuelle que par l'intumescence des parties de son ancienne surface, qui étaient autrefois sous les eaux ; voilà pourquoi tous nos continens actuels ne sont que dépouilles de poissons, couches calcaires, coquillages, corps marins, madrepores et dépôts des anciennes mers.

Mais l'intumescence du bassin des anciennes mers n'a pu s'opérer que par l'addition d'une matière étrangère au Globe, qui, par son excès de pesanteur, a dû s'introduire vers son centre, et soulever ses anciennes mers, comme étant plus légères, de préférence à ses anciens continens qui étaient infiniment plus pesans.

L'antiquité n'a pas ignoré ce soulèvement des anciennes mers, et le renversement de leurs eaux sur les anciens continens. La philosophie des premiers tems nous a conservé des détails bien circonstanciés sur cette catastrophe. Qu'il me soit permis d'en faire ici quelques citations le plus brièvement possible. Comment pouvons nous avoir méconnu ces faits? Ils sont consignés dans une infinité de monumens de l'antiquité.

Pythagore enseignait dans ses écoles la doctrine du changement des terres en mers, des mers en terres, du sillonnement des grandes vallées par l'épanchement subit des eaux, de la formation de nouvelles montagnes par une intumescence souterraine qu'il compare aux renflemens d'une vessie qu'on souffle, de la rupture des terres au milieu des mers, et de la submersion des anciennes terres et montagnes sous un volume d'eau immense. Je renvoie le lecteur aux détails de cette doctrine rapportée par Ovide dans son 15.ᵉ liv. des métamorphoses.

Le Psalmiste nous dit que les Israélites virent la mer s'enfuir, le Jourdain remonter vers sa source, les montagnes se soulever et bondir comme des beliers, parce que la Terre avait été agitée jusque dans ses entrailles par la présence du Dieu qui change et convertit les rochers en lacs immenses.

Mais la haute antiquité s'est expliquée d'une manière bien plus énergique encore, sur la nature de la cause, qui seule peut avoir produit la révolution dont je parle.

Je ne m'arrêterai pas ici à des discussions sur la nature de cette cause qui a imprimé à toutes les Nations de la Terre cette frayeur qui fait encore frémir l'espèce humaine, qui conserve l'idée d'un feu immense et dévorant qui séjourne au sein de la Terre, sous le nom de Tartare, d'Enfer, d'Empire de Pluton, de Satan, d'Arimane, etc., etc.

Je ne décrirai pas le combat des bons et des mauvais Anges dans le Ciel, dont les uns furent précipités sur la Terre, et relégués aux Enfers sous le nom de Démons et d'Anges de ténèbres, destinés à séjourner dans un feu perpétuel au centre de la Terre.

Je ne dirai rien des combats des géans qui entassèrent montagne sur montagne pour escalader le Ciel, et qui furent enfin ensévelis sous ces montagnes, d'où ils jettent encore feu et flammes par la bouche ignivome des volcans.

Je ne dirai rien de Vulcain, Dieu du feu, qui fut précité du Ciel sur la Terre, dans les antres et souterrains de laquelle il établit ses Cyclopes qui forgent les foudres de Jupiter dans les ateliers des mêmes volcans.

Je ne dirai rien de Phaéton, dont le char enflammé a embrasé l'Univers, qui fut reçu dans les ondes de l'Eridan dont les membres épars furent mis en terre tout enflammés par les nymphes des Hespéries, et qui mit en feu toutes les montagnes, laissant après lui des traînées immenses de cet élément.

Je ne dirai rien des guerres des Tytans, de Saturne et d'Uranus qui fut détrôné, mutilé, et dont le sang découla des continens dans la mer, pour donner naissance à Vénus, emblême de la beauté et de la régénération de la nature renouvelée après cette catastrophe.

Je ne dirai rien du palais de Cybèle, déesse de la Terre, qui fut embrasé par la présence et l'éclat du Dieu de lumière, et qui donna ensuite naissance à Bacchus, Dieu de la gaîté et des plaisirs, qui revinrent sur Terre après l'embrasement général lors du renouvellement des choses.

Je ne dirai rien de Cérès, emblême de la Terre, qui allume les feux du Mont Etna, pour chercher sa fille Proserpine, emblême de la lumière, qui était descendue dans le royaume de Pluton, au centre de la Terre.

Je ne dirai rien de Typhon, emblême des explosions du feu central, qui naquit du commerce illicite que Saturne eut avec la Terre, qui n'attendit pas le tems prescrit, qui ne vint ni à terme, ni par la voie naturelle, mais qui rompit les flancs de sa mère, et jaillit de son sein par les plaies qu'il avait lui-même ouvertes dans ses entrailles déchirées par sa fureur.

Je ne dirai rien de la cosmogonie de Sanchoniaton, qui nous apprend, dans son second fragment, « qu'As-
» tarté la grande, ou la déesse des
» Astres, parcourant l'Univers, trou-
» va un Astre tombé du Ciel sur la
» Terre, qu'elle le prit et l'enterra

» dans Tyr, ou dans une île de feu. »

Il dit encore dans son 1.<sup>er</sup> fragment, « Que les chaînes de montagnes du » Liban, de l'Antiliban, du Cassius » et du Brathius, doivent leur nais- » sance, leur origine et leur nom à » un Être qu'il appelle feu, flamme » et lumière, qui descendit du Ciel » sur la Terre, après une sécheresse » extraordinaire, et qui apprit aux » hommes à se servir du feu dont ils » n'avaient nulle connaissance avant » cette époque. »

Je ne dirai rien d'un passage d'Esther, qui dit que des dragons énormes se battirent par un bruit épouvantable dans le Ciel; que la Terre en fut ébranlée de toutes parts; que les eaux se répandirent sur sa surface; qu'ensuite le Soleil reparut, et que ce qui auparavant était abaissé se trouva élevé pour engloutir tout ce qui auparavant était élevé.

Je ne dirai rien d'un passage d'Esdras, qui emploie les deux derniers chapitres de son quatrième livre à décrire les révolutions passées, et à les annoncer pour l'avenir.

Il dit expressément que le feu dévora les fondemens de la Terre; qu'il parut un prodige horrible qui venait du côté de l'Orient; qu'une multitude de dragons enragés livrèrent un combat dans les airs ; qu'ils furent poussés sur la Terre comme le souffle du vent; que la Terre des Assyriens en fut dévastée; que des nuées pleines de fureur se brisèrent dans le Ciel du côté du Septentrion et du Midi; qu'une portion d'Astre tomba sur la Terre ; que le sang coula de toutes parts ; que la mort s'ensuivit; que cet Astre s'élança avec fureur sur les hauteurs de la Terre par les flammes, les épées volantes et un déluge d'eau; qu'à l'instant les vallées furent comblées, les plaines submergées, les villes, les forteresses, les montagnes, les colines, les forêts, les productions de la Terre, tout fut anéanti; que les fléaux s'accumulèrent sur Babylonne; que cette ville superbe fut réduite en poudre par un Astre plein de fureur; que la fumée de son embrasement s'éleva jusqu'au Ciel. Il pleure sur Babylonne, l'Egypte et la Syrie; il dit que la Terre trembla jusques dans les profondeurs de ses fondemens; que la mer se souleva dans les abîmes de son bassin; que ses ondes, ses flots tumultueux et ses poissons furent jetés et dispersés de toutes parts, par la puissance du Dieu dont le bras terrible a tendu l'arc, et lancé des flèches si aiguës, qu'elles ont pénétré jusqu'aux entrailles de la Terre; que le feu qu'il a allumé ne s'éteindra qu'il n'en ait dévoré les fondemens; qu'à cette époque l'homme cherchera l'homme et ne le trouvera pas; que l'espèce humaine sera vendangée sur la Terre comme les fruits après la moisson, ou comme les raisins de la vigne, dont il ne reste que quelques grappes échappées à la vigilance du vendangeur.

Je ne dirai rien de l'épître de S.ᵗ-Pierre, qui nous dit que le premier Monde n'est plus ; qu'il a péri par l'eau, et que celui-ci est réservé au feu et à l'eau réunis.

Je ne citerai pas une infinité d'autres passages de l'Ecriture-Sainte, où la destruction du Monde par le feu et l'eau est rapportée, ou comme un événement passé, ou comme un événement qui doit arriver dans la suite des tems.

Mais aucun des livres saints ne s'explique, sur cette matière, aussi clairement que le livre de l'Apocalypse : c'est une théorie complète de la Terre primitive, écrite dans le style figuré, mais expressif, des orientaux. Il suffit de rappeler certaines expressions à leur signification radicale, de raccorder entr'eux certains articles qui ont été dérangés de leur ordre naturel, soit par la faute des copistes, soit par le défaut du raccordement des feuilles du livre primitif, et de supprimer de ce livre ce qui paraît bien clairement n'y avoir été ajouté que par ses commentateurs; on y reconnaîtra la vraie théorie de la Terre; elle est moins ingénieuse, mais plus rapprochée de la nature que celle des profonds philosophes et brillans esprits de notre siècle qui ont reconnu la majeure partie des faits, mais qui se sont égarés dans leur explication.

L'auteur du livre de l'Apocalypse ne met pas en doute que le feu du Ciel ne soit tombé sur la Terre, qu'il ne se soit précipité vers son centre, où il séjourne encore sous le nom hébreu, d'*Abbadon*; sous le nom grec, d'*Appollyon*; sous le nom latin, d'*Exterminans*; et sous le nom français, de *Diable* ou *Satan*. Voici comment l'auteur s'en explique, après bien d'autres détails :

J'ai vu, dit-il, (chap. 9) qu'une étoile était tombée sur la Terre, que la clef de l'abîme lui avait été donnée. Cette étoile ouvrit le puits de l'abîme, et la fumée s'éleva comme celle d'une immense fournaise ardente. Le Soleil et l'atmosphère en furent obscurcis, et de la vapeur du puits sortirent des explosions, des jets de feu qui reçurent la même force que celle des matières fondues et scorifiées serpentant sur la Terre. Elles avaient le pouvoir de brûler les hommes pendant cinq mois, mais non pas de les tuer. Elles avaient pour principe l'ange de l'abîme, appelé en hébreu *Abbadon*, le maître du royaume de Pluton.

Il ajoute : (chap. 20) je vis un ange descendant du Ciel, ayant la clef de l'abîme avec une grande chaîne à sa main. Il prit l'ancien dragon serpentant, qui est le Diable ou Satan, il l'enchaîna pour mille ans, le précipita dans l'abîme, le referma et y mit le sceau, afin qu'il ne vînt plus tourmenter les Nations.

Le même auteur nous dit ensuite que l'ancien Monde n'est plus; qu'il vit, après cette catastrophe, un Ciel tout nouveau, et une Terre toute nouvelle. Car, ajoute-t-il, le premier Ciel et la première Terre ont disparu; à présent l'ancienne mer n'est plus; Dieu lui-même est venu habiter parmi les hommes pour essuyer les larmes de leurs yeux, et leur promettre qu'il n'y aura plus, dans la suite, ni pleurs, ni tourmens, parce que le premier état des choses a passé; parce qu'il vient renouveler toutes choses; que tout est consommé; qu'il est l'*Alpha* et l'*Oméga*, le commencement et la fin.

Je pourrais ajouter à ces citations la série des tableaux ou peintures

Egyptiennes que les injures des premiers tems semblent avoir respectés, afin que nous ne perdions pas absolument le souvenir des révolutions de ces premiers tems. Ces peintures nous sont parvenues sous le nom très-expressif de *Tar-rots*, *Terræ rota*. Je vais les parcourir le plus succinctement possible.

Ces tableaux sont passés d'Asie en Europe; ils nous ont été conservés et transmis par les Egyptiens, diseurs de bonne aventure.

L'étymologie de leur nom et celle de plusieurs termes qui y sont consacrés, sont une preuve non équivoque de leur émigration et de l'objet de leur destination primordiale. Tarrots devrait s'écrire Taurosch; mais cette prononciation dure s'est naturellement adoucie en passant dans nos climats; et la manière de l'écrire a suivi les différens tons et les différentes modulations de la prononciation. Ce mot est composé de Tau et de Rosch. Tau signifie, en langue orientale, tout ou la nature parfaite, signe, caractère. C'est de cette expression que le fameux Tau ou Taut, si connu par l'invention des caractères hiéroglyphiques, a pris son nom; ou bien c'est de lui qu'elle tire le sien. Rosch signifie, dans la même langue, le commencement, l'origine. Ainsi, Tarrots ou Taurosch signifie, mot à mot, le commencement de la perfection de la nature; les signes ou les caractères du commencement des choses. On pourrait encore l'interpréter ainsi : le commencement des choses par Taut ou par signes.

Cette dernière étymologie nous paraît d'autant plus naturelle, que l'Histoire ancienne nous apprend que c'est Taut qui a, le premier, tracé le portrait du Tems, du Ciel et des autres Dieux, pour en former les caractères sacrés des hiéroglyphes, et pour les transmettre aux hiérophantes ou directeurs des rites sacrés, après y avoir joint des idées physiques et des phénomènes naturels. *(Sanchoniaton.)*

Nous ne sommes donc pas éloignés de croire que ces tableaux ne sont autre chose que le fameux livre de Taut, sur l'origine du Monde. Son authenticité et sa grande célébrité l'auront répandu dans tout l'Orient. L'abus trop ordinaire des sciences l'aura fait dégénérer en instrument fondamental de la divination des Egyptiens, et enfin en jeu ; et la superstition, la nécessité de jouer et son universalité lui auront fait braver les injures des tems, et l'auront conservé jusqu'à nous. Cette probabilité deviendra presque une démonstration évidente, si on fait attention à l'interprétation simple et naturelle que nous allons donner de ce livre. Il représente tout uniment la création du Monde, le déluge subséquent et les différens états de la nature et des hommes pendant ces différentes révolutions du Globe. Il est bien surprenant qu'un livre aussi important et aussi simple soit resté jusqu'aujourd'hui entre les mains de tout le monde sans avoir encore été lu dans son intégrité.

(1) Le premier tableau s'appelle le *Monde*. C'est la déesse de la Nature au centre de l'ovale ou de l'œuf, dont l'Univers est sorti, tenant les quatre élémens en son pouvoir.

Le second s'appelle le *Jugement Dernier*. C'est Osiris qui semble couvrir un Astre d'une grandeur énorme. Il sonne de la trompette pour annoncer à la Nature sa ruine prochaine. Déjà l'espèce humaine descend au tombeau. (*Au bas du tableau.*)

Le troisième s'appelle la *Création*

---

(1) Les figures des Tarrots sont gravées dans le 1.er volume du Monde primitif par M. de Giblin.

*du Soleil*. Cet Astre laisse tomber ses débris flamboyans sur la Terre. Déjà les murailles paraissent renversées, et l'espèce humaine est toute interdite au milieu des débris du Soleil et de cette consternation générale.

Le quatrième s'appelle la *Création de la Lune*. Cet Astre laisse tomber sa matière à grands flots sur la Terre. Deux tours paraissent se communiquer par une traînée de feu qui va les incendier. Une écrevisse dans un lac n'annonce que trop que le cours des eaux va en rétrogradant, et que les fleuves remontent vers leurs sources. Le chien et le loup oublient leur antipathie naturelle pour se réunir et gémir ensemble, tant est grande la consternation.

Le cinquième s'appelle la *Canicule*. C'est l'excès de la chaleur qui embrase la Terre. Les Astres paraissent pour la première fois disséminés dans le Ciel. Le Verseau, un genou en haut et l'autre en bas, nous annonce la marche de la Terre qui se soulève dans certaines parties, et qui semble s'abaisser dans d'autres. Il verse l'eau à plein vase de son genou élevé sur le genou abaissé, pour indiquer la chute des eaux qui découlent des bassins de la terre élevée dans ceux de la terre abaissée. C'est le moment du soulèvement des bassins des anciennes mers, qui forment les montagnes, et de la transmigration des eaux de leurs anciens bassins dans les bassins des mers actuelles. Rien n'est plus expressif que ce tableau.

La sixième peinture s'appelle la *Maison de Dieu*. Déjà les eaux sont élevées à la moitié de la hauteur du Temple. La pluie, la grêle, la foudre et la tempête se voient de toutes parts. Une épée flamboyante renverse la couverture de la Maison de Dieu qui n'épargne pas même son propre Temple ; il va subir le même sort que la maison des hommes. On voit quelques corps qui flottent à la surface des eaux, et des hommes qui se précipitent, les jambes en haut, la tête en bas, du sommet de la Maison de Dieu qui est toute en feu. C'est pour éviter d'être embrasés avec le sommet du Temple qu'ils se précipitent dans un déluge d'eau qui est à sa base. Voilà l'époque du bouleversement du Globe par le feu et l'eau.

La septième peinture s'appelle *Typhon*. Ses cornes, ses griffes, ses longues oreilles, son casque de fer, ses ailes de chauve-souris déployées au loin, annoncent assez que c'est l'ange des ténèbres, l'ange inflexible, dont la puissance est très-grande.

L'éminence sur laquelle il est élevé au milieu des eaux, et le flambeau de Prométhée qu'il tient à la main, annoncent les intumescences de la Terre au milieu des mers, et l'éruption des feux souterrains au sommet de ces éminences; le pouvoir qu'a ce feu sur la vie des hommes est bien caractérisé par le flambeau de Prométhée, et sa force par la ceinture de fer et les ailes déployées. On remarque en avant de sa ceinture une plaque de fer qui comprime la virilité de cet Être malfaisant, pour annoncer qu'il s'oppose directement à la propagation de l'espèce humaine.

A sa droite et à sa gauche, sont deux Êtres de même nature, et ayant les mêmes attributs, mais ils sont beaucoup plus petits que lui, et sont plongés dans l'eau jusqu'à la ceinture; ils annoncent les trombes, les siphons et les volcans soumarins qui ont la même origine et qui sont de même nature que les volcans souterrains, mais dont la puissance et l'activité sont modérées par l'eau, comme nous allons le voir dans le tableau suivant.

C'est ce même Typhon que l'auteur de l'Apocalypse nous représente comme la bête ou la furie sur une éminence au milieu des eaux, et qui attire à elle le culte et l'adoration des hommes.

Le huitième tableau s'appelle *l'Ange de la Tempérance*. Il tient deux cruches dans ses deux mains, et fait vaciller l'eau d'une d'elles dans l'autre. C'est l'emblême des grandes fluctuations de la masse totale des eaux, constamment réfléchies par les rives des nouveaux bassins, dans lesquels elles viennent se précipiter par un élancement immense du haut de leurs anciens bassins qu'elles ont laissés à sec, au sommet des intumescences de la Terre. C'est le *reversæque sunt aquæ de terrâ euntes et redeuntes*, de Moïse. Ces eaux, allant et venant successivement de part et d'autre sur la surface de la Terre, ont dû nécessairement se précipiter dans les bouches ignivomes des volcans qui devaient être alors très-fréquens. Elles en ont modéré la trop grande activité ; elles en ont concentré la fureur vers le centre du *Globe* : voilà pourquoi ce tableau s'appelle l'Ange Bienfaisant de la Tempérance.

Le neuvième s'appelle la *Mort*. Il est le treizième suivant la manière de compter des Egyptiens. C'est l'origine du préjugé qui regarde le nombre 13 comme le plus sinistre de tous.

Ce tableau représente l'humanité engloutie au sein des eaux. Il ne paraît que quelques têtes qui cherchent, mais en vain, à regagner le dessus; la Mort, avec sa grande faux tranchante, les coupe toutes. On aperçoit entr'autres une tête couronnée qu'elle affecte de ne vouloir pas épargner.

Le dixième tableau s'appelle le *Suspenso Pede*. C'est un homme noyé et accroché par le pied, la tête en bas, aux branches d'un arbre dépouillé de ses feuilles ; c'est la suite du déluge. Cette figure est trop parlante pour avoir besoin d'explication.

La onzième figure s'appelle la *Force*. C'est une femme vigoureuse qui tient entre ses jambes un lion, emblême de la Terre. Elle lui ouvre la gueule, et lui introduit la force dans les entrailles.

Cette peinture représente le feu qui s'est introduit, par les ouvertures qu'il s'est lui-mêmes frayées, vers les entrailles de la Terre, et qui lui a communiqué, par son choc, le mouvement de rotation sur son axe.

La douzième s'appelle la *Roue de Fortune*. La roue de la Terre paraît très-mobile sur son axe; sa partie inférieure plonge encore dans les eaux. Des typhons, cramponnés à sa circonférence, font des efforts pour lui imprimer le mouvement de rotation. Celui des typhons qui se trouve au sommet de la roue est plus grand que les autres; il est couronné, pour nous annoncer que c'est par sa puissance et celle de son feu que la Terre vient de tourner sur son axe.

La treizième peinture s'appelle le *Sage*. Un vieillard en manteau long, la tête nue, le corps courbé, un bâton à la main droite, une lanterne à la main gauche, marche en tâtonnant dans l'obscurité. Il nous annonce que, la Terre venant à tourner sur son axe, la lumière va être répandue sur sa surface; que l'obscurité va disparaître, mais qu'il ne faut pas trop s'y fier; enfin qu'il convient encore de marcher avec bien de la prudence et de la précaution.

La quatorzième s'appelle la *Justice*. C'est Astrée triomphante; elle est sur un trône, couronnée, la balance à la main droite, bien de niveau, et un cimeterre, la pointe en haut, à la main gauche. C'est l'équilibre de la Terre en mouvement sur son axe, qui triomphe du désordre précédent.

La quinzième s'appelle *Osiris Triomphant*. C'est le Soleil, le sceptre à la main, la couronne sur la tête, les deux masques pendans sur les deux épaules, traîné, d'un air radieux, par deux chevaux blancs sur un char de triomphe. Il est cuirassé, pour annoncer la permanence de son règne nouveau ; ses masques tombés sur ses épaules sont l'emblême des ténèbres dissipés par sa présence : c'est la lumière nouvelle qui va animer toute la nature.

Le seizième tableau s'appelle le *Mariage*. Cupidon lance ses flèches sur l'espèce humaine qu'il vient régénérer. Un homme et une femme tiennent un enfant à qui ils apprennent à marcher. Ce tableau n'a pas besoin d'explication.

Le dix-septième s'appelle le *Chef*. C'est un père de famille, ou plutôt un pontife qui instruit des enfans et qui leur fait signe de ne pas oublier ce qu'il leur enseigne. Il porte la triple tiare et s'appuie sur un sceptre à triple croix. C'est le principe des religions parmi les hommes qui commencent à se réunir en société.

Le dix-huitième s'appelle le *Roi*. Il est vu de profil, assis sur un fauteuil en gondole ou en coquille, les jambes croisées, un aigle sur son écusson à sa main droite, un sceptre et un globe surmonté d'un Tau à sa main gauche. C'est le premier établissement des Rois, souverains de la terre, des eaux et des airs, protecteurs des sciences, et surtout de la religion, dont ils tiennent leur pouvoir. Son casque, à dents de scie, pourrait bien annoncer l'insatiabilité et la tyrannie qui vont s'ensuivre.

Le dix-neuvième s'appelle la *Reine*. Ses attributs sont les mêmes que ceux du Roi, et représentent à peu près les mêmes symboles.

Le vingtième s'appelle la *Grande Prêtresse*. Ses écharpes croisées et son ajustement sacerdotal annoncent assez son caractère.

Son livre ouvert et son voile, dans lequel il semble qu'elle va s'envelopper, annoncent les progrès de la religion qui va cacher toute la science et l'histoire de la nature, sous le voile de ses mystères.

Le vingt-unième s'appelle le *Bateleur*. Il nous fait voir l'abus de la science qui dégénère en art de tromper le vulgaire.

Enfin, la dernière figure s'appelle le *Sol*. Elle est regardée, dans le jeu, comme le zéro, sans valeur, mais elle fait valoir les autres. Ce Sol court toujours en avant, ayant derrière lui un paquet qu'il ne connaît pas. Il ne s'aperçoit pas qu'un chat lui dévore les gras des jambes. C'est l'emblême de notre état actuel ; nous allons toujours en avant, sans savoir ce que nous laissons derrière nous. (1) etc., etc.

---

(1) Quoiqu'il existe 77 tableaux, l'auteur n'a décrit que les 21 qui servent d'à-tous dans le jeu des Tarrots.

Je n'ajouterai que quelques citations, et je me bornerai à dire qu'on trouvera dans la haute antiquité une infinité de monumens, qui tous concourent à décrire les grandes révolutions du Globe, de la même manière que je les ai reconnus dans les Pyrénées et dans les pays adjacens.

Les Peuples de notre continent ne sont pas les seuls qui aient conservé la mémoire de ces terribles évènemens. Les Indiens nous les décrivent avec les détails et les particularités que nous trouvons dans nos annales. Comment les Peuples des deux Mondes auraient-ils pu être d'accord pour raconter ainsi le même fait, s'ils n'avaient été appuyés sur des fondemens véridiques ?

Nous lisons dans le premier volume de la conquête du Pérou, ce même fait raconté par les Indiens, en ces termes :
« Un Être qui n'avait ni os, ni jointu-
» re, disent-ils, qui était descendant

» du Soleil et de la Lune, qu'ils disent
» être un vrai Dieu, et qu'ils adorent
» comme tel, vint du côté du Sep-
» tentrion. En marchant il allongeait
» ou accourcissait le chemin selon sa
» volonté; il élevait ou abaissait les
» montagnes, selon qu'il lui plaisait;
» il créa les Indiens d'alors. Ceux de
» la plaine lui ayant fait quelque dé-
» plaisir, il rendit leur pays sablon-
» neux, comme on le voit encore
» aujourd'hui, en leur envoyant les
» rivières qui y coulent. Après cela,
» il vint, du côté du Midi, un autre
» Être qui avait plus de pouvoir que
» le premier; il se nommait *Pacha-*
» *cama* ou *Créateur;* il était fils du So-
» leil et de la Lune. A son arrivée, le
» 1.<sup>er</sup> Être disparut. *Pachacama* créa
» les Indiens actuels et leur donna
» l'industrie de labourer et cultiver
» la terre; ils le tiennent aussi pour
» un Dieu... Ces Indiens croient au
» déluge dont ils rapportent les parti-

» cularités; ils croient à une race an-
» cienne de géants qui fut détruite,
» selon eux, par un jeune homme
» qu'on vit descendre du Ciel, res-
» plandissant comme le Soleil, et qui
» combattit contre ces géants, leur
» lançant des flammes qui s'atta-
» chaient aux rochers contre lesquels
» elles donnaient. Ils montrent en-
» core des trous qu'ils prétendent
» avoir été excavés par ce feu des-
» cendu du Ciel. Cette première race
» de géants, ainsi poursuivie, se re-
» tira dans une vallée où cet Être
» céleste acheva de l'exterminer. Ils
» indiquent l'endroit où se retirèrent
» ses restes fugitifs. Les Espagnols
» ayant de la peine à croire ces par-
» ticularités, *Jean* de *Holmos*, lieu-
» tenant du gouverneur de Puerto,
» fit creuser dans cette vallée, en
» 1583, et en tira des ossemens d'une
» grandeur extraordinaire. Les In-
» diens disent que ces géans avaient

» quatre fois la taille d'un homme ;
» qu'ils mangeaient chacun, autant
» que trente Indiens, et que, de l'en-
» droit où furent ensévelis les restes
» de cette première espèce d'habitans
» des Indes, réfugiés près du Cap
» de S.te-Hélène, découle continuel-
» lement une espèce de bitume qui
» ressemble fort à la poix ou au gou-
» dron dont on fait usage. »

Je renvoie le lecteur, qui voudra de plus longs détails, aux histoires des anciens Peuples. Il paraît, en général, par tous ces monumens historiques, qu'il est descendu du Ciel sur la Terre, un Être tout feu ; un Être qui a changé la face de l'Univers ; un Être que le livre de la sagesse décrit en disant qu'il a changé les terres en mers et les mers en terres : *agrestia enim in aquaticâ convertebantur : et quæcumque erant natantia, in terram transibant ;* Un feu qui a pénétré au centre de la Terre ;

qui a fait ses explosions principalement sous le bassin des mers et dont les eaux n'ont pu appaiser la fureur: *ignis in aquâ valebat suprà suam virtutem, et aqua extinguentis naturæ obliviscebatur;* un Être qui a épouvanté toute la nature, et qui a jeté la terreur et la crainte parmi ceux des humains qu'il n'a pas entièrement exterminés; un Être connu dans le paganisme sous le nom de *Mot*, *Muth* ou *Myth*, sur lequel est fondé toute la mythologie qui n'a été jusqu'à présent qu'une fable et qu'une énigme pour nous, parce que nous avions perdu la clef de la fable et le mot de l'énigme par le laps de tems et par l'abus que les initiés ont fait de la science de la nature, qu'ils ont cachée sous les voiles des mystères; un Être que les Egyptiens ont connu sous le nom d'*Osiris*, et les Grecs sous celui de *Thamnatos* ou *Damnatos*; un Être qui n'existe plus dans son intégrité, dont une portion paraît avoir servi à renfler le diamètre de la Terre, et dont les autres parties paraissent bien dignes de la recherche des philosophes, des physiciens, des naturalistes et surtout des astronomes ; un Être enfin, qui paraît avoir fendu le Globe en quatre parties. Les mers, par leur forme en croix, nous indiquent encore ce fait.

Sanchoniaton rapporte l'histoire d'Uranus et de Dagon. Ce Dagon est le pourfendeur de la Terre. Il produit *Démaroon* qui invente le labourage et porte le fer pour soc. On voit Uranus qui s'unit à Démaroon ou au dieu Mars (à la planète Mars) pour troubler Ponthus, père de Neptune ; que Démaroon ou l'émanation de Mars, ou Mars lui-même attaque Ponthus et le met en fuite ; que Démaroon fait une libation, une effusion, et que Itus ou Cronus tend des embûches à son générateur dans des lieux pourfendus, la 32.ᵐᵉ année de son règne. Voilà qui explique le Globe fendu en quatre.

Il semble que c'est la planète de Mercure qui porte le fluide électrique dans les autres planètes, pour rétablir l'équilibre, lorsqu'il est rompu dans quelques parties de l'Univers. Voilà pourquoi il est regardé comme le messager des Dieux ; voilà pourquoi il préside au commerce, aux échanges entre les Dieux ; voilà pourquoi son nom signifie, si l'on peut s'exprimer ainsi, le compléteur, le perfectionneur des choses. Voilà l'origine du double serpent de son caducée, etc., etc.

Il paraît par toute l'antiquité qu'un Globe de feu est descendu dans le sein de la Terre.

L'Histoire ancienne de *Vénus* nous apprend assez que la planète de ce nom a lancé sur la Terre le principe de la matière vitale : elle est représentée par l'antiquité sous l'emblême d'une colombe, symbole de l'Amour.

Peut-être l'Age d'Or si vanté n'était-il autre chose que l'époque à laquelle cette matière vitale existait avec force sur notre Globe ; peut-être cette matière va-t-elle en s'épuisant à mesure que le Globe se refroidit ; et peut-être reviendra-t-il un tems où la même Vénus vivifiera la nature en reportant à notre Globe la portion de ce principe qu'il aura perdu : c'est une loi nécessaire à l'équilibre. C'est ainsi que nous voyons dans les expériences de l'électricité, des corps métalliques qui se chargent de fluide électrique, autant qu'ils en sont susceptibles, pour aller de suite s'en décharger en faveur des corps qui en sont privés. Il voyage continuellement de l'un à l'autre : voilà le *Mercure* ou l'*Iris* de la mythologie; c'est le perfectionnement des choses, le messager des Dieux.

Les matières métalliques paraissent n'être rien autre chose que cette matière ignée différemment combinée et figée dans les veines de la Terre. Elle les y a fixées en se refermant lors de la première explosion de cette matière qui jaillissait à grands flots à travers les fentes de la Terre, après l'introduction de sa grande masse incandescente vers le centre du Globe.

Nous connaissons sept métaux qui portent le nom chacun d'une planète. Qui sait si leur matière n'est pas la matière même de cette planète tombée au centre de la Terre ? Nous voyons les sept météores, les sept porte-feu de l'Apocalypse ; nous voyons aussi les sept coupes de feu que sept Anges versent sur la Terre ; tout cela pourrait être les débris de chacune des sept planètes qui ont envoyé leurs émanations sur la Terre. L'idée des métaux, provenant des émanations des planètes, n'est pas du tout nouvelle. Peut-être serait-ce un fait physique de cette nature et de cette importance, qui aurait fait naître l'astrologie, et qui aurait donné à l'antiquité la plus reculée tant de vénération pour cette science et pour celle des influences des Astres sur le Globe Terrestre. Ce qu'il y a de bien certain, c'est que ces deux sciences existaient chez les anciens avant l'astronomie.

Je ne finirais point, si je voulais décrire tous les effets qui ont dû résulter de cette cause générale. J'ajouterai seulement que les basaltes, les granits, les silex et toutes les autres matières vitrifiées à la surface et aux entrailles de la Terre, paraissent ne devoir leur vitrification qu'à cette même cause et qu'à ses effets. Un feu de cette violence, une matière aussi ardente a dû vitrifier le Globe par son approche, et le liquéfier par son contact. Les anciens n'ont pas ignoré cette liquéfaction; ils nous en ont,

pour ainsi dire, fixé l'époque. Hésiode dit (dans sa Théogonie 820.<sup>me</sup> vers), que « lorsque Jupiter eut chassé
» du Ciel les Titans, et que la Terre,
» unie au Tartare, eut enfanté Typhon, dont les cent têtes, semblables à celles d'un serpent ou d'un
» dragon horrible, laissaient échapper de leurs gueules une langue
» noire, jetaient du feu par les yeux,
» et vomissaient des flammes, le maître des Dieux et des hommes fit
» gronder son tonnerre à coups redoublés; le bruit en retentit, non-
» seulement jusqu'aux extrémités de
» la Terre, mais encore jusqu'au plus
» haut des Cieux et jusqu'au fond
» des abîmes de l'Océan. L'Olympe
» trembla sous les coups du Roi des
» immortels, et la Terre en poussa
» des gémissemens; le feu de la foudre éclatait de toutes parts; le Ciel,
» la Terre, la Mer, en ressentaient
» également les ardeurs; les vagues

» en fureur se brisaient contre le ri-
» vage ; l'émotion des Dieux cau-
» sait, dans tout l'Univers, un bou-
» leversement affreux ; *Pluton* en fut
» effrayé dans l'empire des morts. Les
» Titans, précipités avec Saturne au
» fond du Tartare, en entendirent le
» bruit et en ressentirent les secous-
» ses. Jupiter, en courroux, redoubla
» les coups de tonnerre, fit briller les
» éclairs, et du haut de l'Olympe
» frappa le monstre de la foudre : il
» réduisit en cendre ses horribles tê-
» tes, les fit tomber sous ses coups,
» et la Terre retentit du bruit de sa
» chute. La flamme gagna les forêts
» et les montagnes ; elle embrasait la
» Terre et la faisait couler. Comme
» les métaux fondus s'échappent de
» la fournaise, et comme Vulcain fait
» sortir des torrens de fer, devenu
» liquide par la violence du feu,
» ainsi la Terre tombait en dissolu-
» tion par les ardeurs de ce terrible

» élément. Jupiter indigné, précipita
» le monstre au fond du Tartare. »

Voilà une description bien énergique de la chute du feu du Ciel et de la descente de ce feu vers le centre de la Terre. Ce ne sont pas ici des allégories et des jeux de mots ; ce sont des faits physiques, de vraies narrations, bien circonstanciées. Comment se peut-il qu'avec de semblables matériaux, on ait attendu jusqu'aujourd'hui pour développer la théorie du Globe que nous habitons ? Comment se fait-il qu'un siècle aussi éclairé que le nôtre n'ait fait que balbutier sur une matière aussi importante, aussi bien connue, et aussi clairement décrite par les anciens ? Avouons que nous sommes trop prévenus en faveur de nos connaissances actuelles, et que nous ne savons pas lire les livres qui nous ont été transmis. J'en donnerai bientôt une preuve bien convaincante, au sujet de la narration de

Moïse, dont nous n'avons pas entendu le chapitre sur la formation du Monde, parce qu'il est trop simple, trop ingénu, et que voulant chercher loin ce que nous avons près, nous sautons ordinairement par-dessus les objets.

Je reviens aux faits physiques des Pyrénées. Je dis que le feu du Ciel, qui a frappé la Terre et soulevé ces montagnes du fond de l'ancienne mer où elles étaient plongées, doit avoir frappé cette partie du Globe dans la direction d'Occident en Orient, et chassé dans ce sens les eaux de cette ancienne mer. Nous voyons que la Terre tourne sur son axe dans cette direction, et que le balancement de la masse des eaux actuelles du Globe se fait selon cette même direction. Je laisse au lecteur éclairé le soin de tirer de cette conformité des faits, les conséquences qu'il jugera convenables. Je vais prouver ma proposition qui consiste en ce que la masse des Pyrénées a été soulevée par un moteur qui courait d'Orient en Occident, ou d'Occident en Orient.

La seule direction générale des bancs des Pyrénées et la disposition de cette chaîne de montagnes, en forme de melon fort alongé et dont la direction des côtes et des entrecôtes s'étend à des distances considérables d'Occident en Orient, prouvent que la cause qui a soulevé ces montagnes courait sous leur base dans cette même direction, sans déterminer précisément si le moteur avait son mouvement d'Occident en Orient, ou d'Orient en Occident. Ces deux directions, diamétralement opposées, sont également possibles.

Pour déterminer actuellement celle selon laquelle les Pyrénées ont été soulevées, il suffit de considérer en grand la surface et la direction générale des vallées, aux deux extrémités de la chaîne, et de voir si l'une de ces extrémités a été plus dégradée que l'autre, par la retraite précipitée de la grande masse d'eau qui s'est trouvé tout-à-coup soulevée.

Or, il est de fait que, pas une des vallées n'a sa direction d'Orient en Occident vers la mer Océane ; pas un ruisseau ne décharge ses eaux dans l'Océan à l'extrémité des Pyrénées qui se trouve baignée par cette mer. Il est de fait, au contraire, que les grands courans sont établis dans la direction d'Occident en Orient vers la Méditerranée. La plaine de l'Èbre, ce canal immense qui prend son origine sur les bords de l'Océan, court d'Occident en Orient, et va toujours en s'élargissant jusqu'à ce qu'il aboutit, par une embouchure immense, à la mer Méditerranée. Toutes les autres vallées suivent la même loi. J'en conclus que la retraite des eaux s'est faite d'Occident en Orient vers la Méditerranée, et non pas vers l'Océan. Il s'ensuit que le moteur qui les a soulevées courait sous leur base dans cette direction.

Un autre fait vient à l'appui de cette assertion. Les Pyrénées montrent le granit tout à nu vers la Méditerranée, et il n'a presque pas resté de matières calcaires sur cette base primitive de la chaîne. Cette dégradation commence à être très-marquée vers le milieu du cordon des Pyrénées, tandis que la partie qui avoisine l'Océan a conservé, non-seulement toute la matière calcaire, mais même sa matière schisteuse. Jamais la base graniteuse n'y paraît à nu. J'en conclus que la retraite des eaux n'a fait que peu de ravage dans la partie qui avoisine l'Océan, et qu'elle les a tous exercés vers la Méditerranée. Autre preuve que les Pyrénées ont été soulevées dans la direction d'Occident en Orient; que la matière ignée qui les a soulevées ne pouvait pas avoir d'autre direction, et qu'elle s'y est introduite par l'Océan Atlantique.

Ces conséquences s'accordent parfaitement avec la tradition de l'affaissement des terres Atlantiques.

C'est ainsi que Platon fait parler Socrate : « Athéniens, on tient pour » certain que votre ville a résisté à » un grand nombre d'ennemis qui, » partis de la mer Atlantique, s'é- » taient emparés de presque toute » l'Europe et l'Asie qui, avant cette » époque, n'étaient qu'une mer na- » vigable, ayant à son entrée une île » qu'on appelle les colonnes d'Her- » cule.

» On rapporte que cette île était » plus grande que l'Asie et l'Afrique » ensemble, et qu'elle présentait un » passage pour aller à d'autres îles voi- » sines; que de ces autres îles on pas- » sait au grand continent qui se trou- » vait en face près de la vraie mer... »

L'Europe et l'Asie n'étaient qu'une mer; ce fait est bien conforme à notre système. C'est le fond de cette mer qui a été soulevé; ses eaux se sont précipitées sur les anciens continens, dont elles ont englouti les habitans, et où elles séjournent encore. Aussi nous ne trouvons que des débris de corps marins dans nos continens. Les ossemens humains doivent être sous les eaux actuelles.

Ce continent, en face de la vraie mer, était la terre Atlantique en face de la mer qui alors couvrait l'Europe. Le feu qui est entré par l'Atlantique est ressorti par l'Asie : de là ces noms de pays incendiés : *Palestine*, etc.

Il ajoute que neuf mille ans avant qu'il écrivit, il arriva, par un grand mouvement de la Terre et par l'impulsion du premier jour et de la première nuit, au moment d'un déluge, que ce Globe s'entr'ouvrant engloutit toute cette Nation belliqueuse, et ab-

sorba dans un gouffre immense toute l'île Atlantique : *Ingenti terræ motu, jugique diei unius et noctis illuvione factum est, ut terra dehiscens omnes illos bellicosos absorberet et atlantis insula sub vasto gurgite mergeretur.* Il résulterait de ce passage du timée de Platon, que l'époque de l'affaissement des terres Atlantiques est aussi celle du premier mouvement de rotation de la Terre sur son axe. Je n'oserais hasarder une proposition aussi neuve sur la foi seule de Platon, si les faits physiques et les monumens historiques ne venaient à son appui. Voici ce que dit Sanchoniaton : « *Cronus*,
» ayant conçu quelques soupçons con-
» tre son frère *Atlas*, le précipita dans
» un gouffre immense et l'y englou-
» tit... A cette époque les descendans
» des *Dioscures*, ayant construit des
» radeaux et des arches, se livrèrent
» aux flots. Poussés sur le mont *Cas-*
» *sius*, ils y abordèrent et y érigèrent

» un temple. Au même instant *Cronus* pourfendit la lumière et les ténèbres; tous les Dieux furent étonnés. Dès-lors *Uranus*, ou le Ciel, envoya vers Cronus la déesse de la Nuit et la déesse du Jour, toutes deux sœurs de la Terre. Cronus, ou le Tems, les fixa auprès de lui, et en fit ses femmes. Il envoya de suite les saisons, les heures, les années avec leurs suites. Cronus ayant gagné leur affection, les retint encore auprès de lui. » Voilà le même fait rapporté, avec les mêmes circonstances, par deux historiens. Se sont-ils copiés ? Il n'y a pas d'apparence.

Tous les deux nous disent que le royaume d'Atlas ou les terres Atlantiques furent englouties; que les habitans de cette contrée furent jetés par les flots dans la direction d'Occident en Orient, et qu'à cette époque les jours, les nuits et les saisons commencèrent leurs cours.

Si on en croit ces auteurs, il pourrait bien se faire que la même révolution, le même choc de la matière ignée, qui a soulevé les Pyrénées, ait aussi englouti les terres Atlantiques, occasionné un déluge d'eau qui courait d'Occident en Orient, fait tourner la Terre sur son axe, et balancé la masse totale des eaux de la mer, suivant cette même direction. Quand une seule et même cause peut concourir à expliquer différens effets, il n'est pas besoin de recourir à plusieurs autres ; et dès-lors l'existence de cette cause générale devient de plus en plus probable.

Pour admettre cette hypotèse de la rotation du Globe sur son axe par le choc de la matière ignée, il faudrait supposer qu'avant cette époque la Terre ne tournait pas. Ce fait est encore consigné dans les annales de l'antiquité. Les anciens nous en ont conservé la mémoire, et nous n'avons pas su les comprendre.

Il paraît que, dans le principe, la Terre ne présentait qu'une face éclairée : *Unus erat toto naturæ Vultus in orbe* : la lumière n'avait aucune communication avec les ténèbres ; chacune avait son royaume à part : elles ont resté long-tems dans cet état. Enfin, les puissances des ténèbres, ayant aperçu la lumière, la trouvèrent si belle, qu'elles voulurent se mêler avec elle ; le mélange se fit, et les jours, les saisons, les années commencèrent.

Partout, dit Beauserobe, on voit le mélange de la lumière avec les ténèbres, sans lequel notre Monde n'existerait pas.

Les Indiens, dit d'Herbelot, croient que la première des intelligences qui soit émanée de Dieu, celle par qui il ait créé le Monde actuel, est *Brahama* qui, dans la langue Indienne, signifie feu, lumière, pénétrant toutes choses.

Partout on retrouve le même principe du feu qui a pénétré dans le sein de la Terre, qui a formé le Monde actuel, et qui lui a communiqué le mouvement de rotation sur son axe. Mais aucun des auteurs connus n'a donné la description de ce premier mouvement de rotation du Globe, d'une manière aussi simple, aussi claire, et aussi naïve que Moïse; et aucun n'a été moins entendu que lui. Ce divin prophète explique (1) toute la théorie de la Terre primitive, telle qu'elle est prouvée par les faits observés dans les Pyrénées et dans les pays adjacens, telle que je l'ai lue dans ces montagnes, et telle que je viens de la décrire. Qu'il me soit permis de le suivre ici mot à mot.

Pour bien comprendre l'Histoire de la formation du Monde par Moïse, il faut se transporter d'imagination dans le premier état des choses, et

---

(1) Dans les 9 premiers chapitres de la Genèse

considérer la Terre telle qu'elle était, et telle qu'elle pouvait être, avant que le feu du Ciel n'eût pénétré dans ses entrailles, et avant qu'elle ne tournât sur son axe. En prenant les choses dans cet état, la narration va couler de source. Voici comme s'explique ce divin prophète :

Dans le principe, Dieu créa le Ciel et la Terre ; mais la Terre était sans mouvement : *Terra autem erat inanis*. Ce n'était qu'une masse immobile, *nec quicquam nisi pondus iners*. (Ovi.) Elle ne recelait pas encore dans son sein cette matière ignée vivifiante qui s'y est introduite postérieurement ; elle était vuide, *erat vacua* : elle était, pour ainsi dire, veuve, stérile et non fécondée : *congestaque eòdem non benè junctarum discordia semina rerum*. (Ovide.) Les ténèbres étaient sur la surface du côté de l'abîme, et l'esprit de Dieu, la chaleur vivifiante s'était déjà portée sur les eaux.

Dieu dit que la lumière et que le feu soient ; et la lumière et le feu parurent.

Dieu vit que la lumière était un bien ; il fit pénétrer la lumière par les ténèbres : *divisit lucem a tenebris ;* c'est-à-dire que Dieu intercalla des tems de lumière parmi des tems de ténèbres, et des tems de ténèbres parmi des tems de lumière. Le mélange de la lumière et des ténèbres se fit.

Dieu appela les tems de lumière jour ; et les tems de ténèbres nuit. Les ténèbres arrivèrent, *factumque est vesperè ;* la lumière revint ensuite, *et manè : dies unus,* ce fut le premier jour, ou le premier tour du Globe sur son axe.

Voilà précisément, selon Moïse, le premier moment où le Globe tourna. C'est après le *fiat lux*, après que le feu du Ciel fut tombé sur la Terre.

Dieu dit aussi : *fiat firmamentum*

*in medio aquarum :* que le ferme se soulève au milieu des eaux et qu'il divise les eaux d'avec les eaux.

Et Dieu souleva le ferme, et divisa les eaux qui restèrent au-dessous du ferme d'avec celles qui se soulevèrent au-dessus, *divisitque aquas quæ erant sub firmamento ad his quæ erant super firmamentum;* c'est ainsi que la chose se fit, *et factum est ità.*

Dieu donna au ferme qui venait de s'élever, le nom de ferme d'en haut, *firmamentum Cæli.* L'obscurité revint, et ensuite la lumière. Ce fut le second jour, *dies secundus*, la seconde révolution de la Terre.

Dieu dit encore : que les eaux, qui sont au-dessous du ferme élevé, se rassemblent en un même lieu ; que le sec paraisse : la chose se fit ainsi.

Dieu appela le sec, Terre, et la réunion de toutes les eaux, Mer : et Dieu vit que tout cela était fort bien : *et vidit Deus quod esset bonum.*

Il dit : que la Terre produise des plantes et des arbres avec leurs fruits: la chose se fit ainsi : la Terre fut couverte de verdure. Dieu vit que cela était bien.

Les ténèbres revinrent, et après elles, la lumière. Ce fut la troisième révolution de la Terre-*dies tertius*.

Dieu dit encore : que les Astres paraissent au-dessus du ferme d'en haut; qu'ils distinguent les jours d'avec les nuits ; qu'ils soient les signaux des jours, des saisons et des années; qu'ils éclairent le ferme d'en haut et qu'ils illuminent la Terre. La chose fut faite ainsi.

Dieu fit deux grands Astres. L'un plus grand pour éclairer le jour, l'autre plus petit pour éclairer la nuit. Il fit aussi les étoiles.

Je ne m'étendrai pas d'avantage sur cette narration ; on voit combien elle est naïve. Si nous ne l'avons pas comprise jusqu'ici, c'est qu'apparemment elle est trop simple; que, prévenus de l'état actuel des choses, nous avons voulu toujours partir de notre position actuelle, et que, de ce point de vue, nous n'avons pas pu entendre l'histoire du premier mouvement de la rotation du Globe sur son axe. Je l'ai traduite mot à mot sur le texte. Elle prouve bien évidemment qu'au moment du *fiat lux*, au moment où le feu commença à faire briller sa lumière sur la Terre, les ténèbres, qui occupaient la surface inférieure du Globe, se mêlèrent avec la lumière qui occupait la surface supérieure; que dans cet instant, la Terre tourna sur son axe, et que les jours et les nuits commencèrent à se succéder; ou plutôt ce fut ce mouvement de rotation de la Terre, par l'effet du choc de la matière ignée, qui fit que les ténèbres se mêlèrent avec la lumière, et que la succession des jours et des nuits en fut la suite nécessaire.

On voit aussi qu'à cette même époque la Terre se renfla sur son diamètre; qu'il se fit une intumescence au milieu des eaux; que cette intumescence conserva une partie des eaux sur sa surface; qu'au même instant celles d'en bas se retirèrent et se réunirent dans le bassin des mers actuelles, et que le sec parut. Quant aux eaux qui restèrent au-dessus de l'intumescence, elles se retirèrent aussi dans les mêmes bassins des mers actuelles, par une autre révolution décrite sous le nom de déluge.

On me contestera, peut-être, la signification de *Firmamentum Cœli*, que je traduis par le ferme d'en haut. Ce n'est pas ici le lieu de répondre à cette objection, qui ne peut venir que du préjugé où nous sommes que *Firmamentum* et *Cœlum* sont une seule et même chose. Cette idée est de toute fausseté, puisque, selon Moïse même, le *Cœlum* avait été créé dans le principe, *in principio*, et que son *Firmamentum* ne parut, au milieu des eaux, qu'à la seconde révolution de la Terre, frappée par le feu du Ciel.

Il suit de tout ce qui précède, que nos montagnes sont des restes encore subsistans du firmament de Moïse ; que nos lacs sur les montagnes sont les restes des eaux qui demeurèrent sur le ferme d'en haut, et qui n'en sont pas encore absolument épanchées, et que les vallées ont été sillonnées par la chute des eaux des anciennes mers dans les mers actuelles.

### CONSÉQUENCES

*Qui se déduisent naturellement des faits.*

### 1.°

Les matières calcaires qui constituent la majeure partie des Pyrénées, ne sont qu'un résidu de productions marines ; personne ne conteste aujourd'hui cette vérité ; elle est d'ailleurs prouvée par l'existence des coquillages, des madrepores et des autres corps marins qui constituent la pierre et le marbre de ces montagnes. On trouve ces dépôts jusqu'à 15 et 18 cents toises de hauteur.

J'en conclus *que les matières calcaires des Pyrénées ont été formées dans le sein de la mer.*

## 2.º

Les couches calcaires des Pyrénées sont souvent sous des formes circulaires, ovales, guillochées, verticales, et repliées sur elles-mêmes. Ces couches ne présentent, en général, que fractures et débris.

Il est contraire aux lois de l'hydrostatique que des couches puissent se former, au sein de la mer, sous des formes circulaires, ovales, repliées sur elles-mêmes, etc.; quel que soit le mouvement qu'on voudra supposer au fluide qui les a déposées dans son sein.

Il est bien plus contraire à ces mêmes lois que ces couches aient pu se former au sein de la mer dans un état de rupture, de ruines et de débris, comme nous les voyons aujourd'hui.

J'en conclus *que les couches calcaires des Pyrénées ont subi une révolution quelconque qui les a bouleversées depuis leur formation au sein des eaux.*

## 3.°

La révolution qui a bouleversé les couches des Pyrénées n'a pu s'opérer que par un dérangement de leur assiette primitive, et ce dérangement n'a pu s'opérer que par un affaissement ou par un soulèvement. Il ne peut pas y avoir d'autre cause; mais l'affaissement n'est pas admissible.

1.° Si les couches primitives des

Pyrénées s'étaient rompues par affaissement depuis leur formation au sein de la mer, elles n'auraient fait que se précipiter d'avantage dans les abîmes de cette ancienne mer. Nous voyons au contraire, par le fait, qu'elles sont devenues montagnes.

2.° Si l'ensemble des couches des Pyrénées avait subi un affaissement, toute la contrée affaissée serait concave vers son centre. Nous voyons au contraire, par le fait, qu'elle est très-convexe.

3.° Enfin, si ces couches avaient subi un affaissement, le plan d'inclinaison des couches affaissées serait tourné du côté du centre de la contrée affaissée. Nous voyons, au contraire, qu'elles sont tournées dans un sens absolument opposé.

J'en conclus *que les couches des Pyrénées n'ont pas été bouleversées par affaissement. Il n'y a donc qu'un soulèvement qui ait pu produire cette révolution.*

### 4.°

Le soulèvement général de la masse entière des Pyrénées n'a pu s'opérer que par l'explosion d'un feu souterrain ou par l'intromission d'un corps étranger sous la base de ces montagnes.

L'explosion souterraine n'est pas admissible. Elle aurait laissé à la surface des Pyrénées quelques traces des effets du feu. On n'en trouve pas le moindre vestige dans toute l'étendue de la chaîne.

D'ailleurs, cette explosion n'aurait pu être que momentanée, et les Pyrénées seraient retombées, après l'effet de l'explosion, dans l'ancien abîme des mers d'où elles étaient sorties. Nous voyons, au contraire, qu'elles se soutiennent dans le premier état de soulèvement.

J'en conclus *qu'il s'est introduit sous la masse des Pyrénées un corps ou une* matière quelconque qui les a soulevées; que ce corps ou cette matière y subsiste constamment, et qu'il occupe l'ancienne place des Pyrénées, sans quoi elles retomberaient dans l'abîme.

## 5.º

Ce corps qui s'est introduit sous les Pyrénées pour occuper leur place, doit être d'une matière dont la pesanteur spécifique est plus grande que celle de ces montagnes. Sans cette condition, les montagnes, par leur pesanteur, comprimeraient cette matière, et la chasseraient au dehors pour occuper sa place.

J'en conclus *que le corps qui s'est introduit sous les Pyrénées est d'une matière dont la pesanteur spécifique est plus grande que celle de ces montagnes, et que c'est uniquement par son excès de pesanteur qu'elle peut ainsi les soutenir constamment soulevées.*

### 6.°

Cette matière, qui par son excès de pesanteur a soulevé les Pyrénées, devait être étrangère à la Terre ; car si elle lui avait été propre, et si elle avait été créée avec elle dans le principe des choses, elle se serait placée d'elle-même, par son excès de pesanteur, vers le centre du Globe, et jamais elle n'aurait pu en sortir pour produire ensuite la révolution subséquente qui a soulevé ces montagnes, long-tems après le premier arrangement des choses.

J'en conclus *que la matière qui a soulevé les Pyrénées ne pouvait être propre à la Terre ; qu'elle devait être étrangère au système général de notre Globe, et qu'elle ne pouvait provenir que de quelque corps céleste.*

### 7.°

Comme tout n'est qu'équilibre dans la nature, il est évident que cette matière pesante, qui s'est introduite vers le centre de la Terre, a dû, pour s'y faire place, soulever celles des parties du Globe qui se sont trouvées plus légères et qui lui ont présenté le moins de résistance, de préférence à celles qui se sont trouvées plus pesantes, et qui par conséquent lui offraient un plus grand obstacle.

Mais quelles sont les parties de la Terre qui se sont trouvées les plus légères et qui ont présenté le moins de résistance à un soulèvement intérieur? C'est, sans contredit, le bassin des mers qui est moins chargé de matières pesantes que les montagnes et les continens.

J'en conclus *que cette matière, qui a pénétré vers le centre du Globe, a dû soulever le bassin des anciennes mers, de préférence au sol des anciens continens; que ce bassin des anciennes mers, ainsi soulevé, a dû former nos montagnes et nos continens actuels, et que les anciens continens ont dû être submergés et engloutis sous les mers actuelles.*

C'est ma dernière conséquence.

---

## RÉSUMÉ GÉNÉRAL.

Il suit de ce qui précède, que parmi les causes secondaires, dans l'ordre physique, le feu a été et est encore le premier agent de la nature. C'est le feu qui a soulevé nos montagnes, qui a changé les mers de place, qui a submergé la Terre, et qui a fait sortir les nouveaux continens du sein des anciennes mers ; c'est le feu qui a frappé la Terre et la mer jusques dans leurs fondemens, et qui d'un seul coup a communiqué à la Terre son mouvement de rotation sur son axe, et à la mer celui de flux et reflux ; c'est le feu, enfin, qui a organisé tel qu'il est notre Monde sublunaire.

Nous devons distinguer deux principes dans ces effets du feu, considérés comme cause première de l'organisation du Monde physique ; savoir : un principe de bien, et un principe de mal relativement à nous. C'est ce que les anciens ont désigné par le bon et le mauvais principe. Le bon principe, c'est le feu qui, par ses douces influences, réchauffe la nature, vivifie tous les Êtres animés, ramène les saisons, et favorise le règne végétal pour la subsistance du règne animal. Ce bon principe réside dans le Ciel et dans les influences des Astres ; c'est le feu, la lumière que les anciens ont désigné sous le nom d'*Oromaze*, et qu'ils adoraient comme la vraie divinité.

Le mauvais principe, c'est le feu qui a incendié la Terre ; qui a renversé le bassin des mers ; qui a innondé et englouti presque toutes les Nations ; qui a frappé ceux qui ont survécu, de mille fléaux plus terribles les uns que les autres ; qui a bouleversé la surface de la Terre, en s'introduisant dans son sein, d'où il tourmente encore les hommes par ses commotions souterraines qui engloutissent des contrées immenses, et qui ensévelissent des villes entières sous des monceaux de cendres et des torrens de laves vomies par les bouches enflammées des volcans.

Ce mauvais principe réside au centre de la Terre, c'est le feu ténébreux, désigné sous le nom d'*Arimàne* ou du *Diable*.

Voilà encore un dogme de l'antiquité expliqué. Concluons maintenant que les anciens, étant plus près que nous des révolutions dont je viens de parler, devaient en avoir de plus justes notions.

*FIN.*

*Le dépôt de cinq exemplaires de cet ouvrage a été fait, conformément à la loi.*

www.ingramcontent.com/pod-product-compliance
Lightning Source LLC
Chambersburg PA
CBHW071346150426
43191CB00007B/864